香海文化

修行在人間

星雲法語 ● 精選

星雲大師 著

星雲法語

目錄

第1冊 修行在人間——精進

卷一 調適生命之道

卷三 君子之道

總序

十把鑰匙

星雲

「星雲法語」是我在台灣電視、中國電視、中華電視三十年前的「三台時代」，為這三家電視台所錄影的節目。後來在《人間福報》我繼「迷悟之間」專欄之後，把當初在三台講述的內容，再加以增補整理，也整整以三年的時間，在《人間福報》平面媒體與讀者見面。

因為我經年累月雲水行腳，在各國的佛光會弘法、講說，斷斷續續撰寫「星雲法語」，偶有重複，已不復完全記憶。好在我的書記室弟子們，如：滿義、滿觀、妙廣、妙有、如超等俄而提醒我，《人間福報》的存稿快要告罄了，由於我每天都能撰寫十幾則，因此，只要給我三、五天的時間，我就可以再供應他們二、三個月了。

像這類的短文，是我應大家的需要在各大報刊、雜誌上刊登，以及我為徒弟編印的一些講義，累積的總數，已不下二千萬字了。「星雲法語」，應該說是與「迷悟之間」、「人間萬事」同一性質的短文，都因《人間福報》而撰寫。承蒙讀者鼓勵，不少人希望結集成書，香海文化執行長蔡孟樺小姐將這些文章收錄編輯，文字也近百餘萬言，共有十集，分別為：一、精進；二、正信；三、廣學；四、智慧；五、自覺；六、正見；七、真理；八、禪心；九、利他；十、慈悲。

這套書在《人間福報》發表的時候，每篇以四點、六點，甚至八點闡述各種意見，便於記憶，也便於講說，有學校取之作為教材。尤其我的弟子、學生在各處弘法，用它做為講義，都說是得心應手。

承蒙民視電視台也曾經邀我再比照法語的體裁，為他們多次錄影，並且要給我酬勞。其實，只要有關弘法度眾，我都樂於結緣，所以與台灣的四家無線電視台都有因緣關係。而究竟「星雲法語」有多大的影響力，就非我所敢聞問了。

「迷悟之間」除了香海文化將它印行單行本之外，後來又在北京發行簡體字版，「人間萬事」則尚在《人間福報》發表中。現在「星雲法語」即將發行出版全集，略述因緣如上。

承蒙知名學者李家同教授、洪蘭教授、台中胡志強市長、大塊集團郝明義董事長，以及善女人辜懷箴居士，為此套書寫序，一併在此致謝。

是為序。

二〇〇七年九月一日 於佛光山開山寮

推薦序一

宗教情懷滿人間

星雲大師的最新著作《星雲法語》十冊套書，香海文化把部分的文稿寄給我，邀我為序。八月溽暑期間，我自身事務有些忙碌；但讀著文稿裡星雲大師的話，卻能感覺到歡喜清涼。

《星雲法語》裡面有一篇我很喜歡。

> 要有開闊包容的心胸、要有服務度生的悲願、要有德學兼具的才華、要有涵養謙讓的美德。——〈現代青年〉

多年來我從事教育工作，希望走出狹義的菁英校園空間，真正幫忙各階層弱勢學生。看著莘莘學子，我想我和星雲大師的想法很接近吧，就是教育一定要在每個角落中落實，要讓最弱勢的學生，能個個感受到不被忽略、不受到城鄉資源差別待遇。

青年教育的目的，不就是教育工作者，希望能教養學生，成為氣度恢弘的國民？

為勉勵青年，星雲大師寫下「青年有強健的體魄，應該發心多做事，多學習，時時刻刻志在服務大眾，念在普度眾生，願在普濟社會。」

星雲大師的話，讓我想起聖經裡的金句。

「有了信心，又要加上德行；有了德行，又要加上知識；有了知識，又要加上節制；有了節制，又要加上忍耐；有了忍耐，又要加上虔敬；有了虔敬，又要加上愛弟兄的心；有了愛弟兄的心，又要加上愛眾人的心。」──〈彼得後書．第一章。〉

宗教情懷，就是超越一切的普濟精神。人間的苦難，如果宗教精神無以救濟，那麼信仰宗教毫無意義。不論是佛陀精神，或是基督精神，以慈愛的心處世，我想原則上沒有什麼不同。尤其是青年人，更應細細體會助人愛人的真諦，在未來三十、五十年，起著社會中堅的作用。這樣，我們現在辦的教育，才真正能教養出「德學兼具」的青年，讓良善能延續，社會上充滿不汲汲於名利，助人愛人的和諧氣氛。

香海文化即將出版的《星雲法語》，收錄了精采法語共計一〇八〇篇，每一篇均意味深長，適合所有人用以省視自己，展望未來。「現代修行風」不分基督佛陀，親切的聖人教誨，相信普羅大眾都很容易心領神會。

如今出版在即，特為之序。

（本文作者為國立暨南大學教授）

推薦序二

安心與開心

洪蘭

在亂世，宗教是人心靈的慰藉，原有的社會制度瓦解了，一切都無法制、無規章，人民有冤無處伸，只有訴諸神明，歸諸天意，以求得心理的平衡。所以在東晉南北朝時，宗教盛行，士大夫清談，把希望寄托在另一個世界。歷史證明那是不對的，這是一種逃避，它的結果是亡國，智者知道對現實的不滿應該從改正不當措施做起，眾志可以成城，人應該積極去面對生命而不是消極去寄望來生。星雲大師就是一個積極入世的大師，他在國內外興學，風塵僕僕到處弘法，用他的智慧來開導世人，他鼓勵信徒從自身做起，莫以善小而不為，當每個人都變好時，這個社會自然就好了。這本書就是星雲大師的話語集結成冊，印出來嘉惠世人。

人在受挫折，有煩惱時，常自問：人生有什麼意義，活著幹什麼？大師說，人生的意義在創造互惠共生的機會，這個世界有因你存在而與過去不同嗎？科學家特別注重創造，就是因為創造是沒有你就沒有這個東西，沒有莫札特就沒有莫札特的音樂，沒有畢加索，就沒有畢加索的畫，創造比發現、發明的層次高了很多，人到這個世界上就是要創造一個雙贏的局面，不但為己，也要為人。英文諺語有一句：Success is when you add the value to yourself. Significance is when you add the value to others. 只有對別人也有利時，你的成功才是成功。所以大師說，生命在事業中，不在歲月上；在思想中，不在氣息上；在感覺中，不在時間上；在內涵中，不在表相上。這是我所看到談生命的意義最透徹的一句話。

挫折和災難常被當作上天的懲罰，是命運的錯誤；其實挫折和災難本來就是人生的一部分，不經過挫折我們不會珍惜平順的日子，沒有災難不會珍惜生命。人是動物，是大自然中的一分子，不管怎麼聰明、有智慧，還是必須遵行自然界的法則，所以有生必有死，完全沒有例外，但是人常常參不透這個道理，歷史上秦始皇、漢武帝這種雄才大略的人也看不到這點，所以為了求長生不老，倒行逆施，壞了國家的根基，反而是修身養性的讀書人看穿了這點。宋、李清照說「今手澤如新而墓木已拱，乃知有有必有無，有聚必有散，亦理之常，又胡足道」。看透這點，一個人的人生會不一樣，既然帶不走，就不必去收集，應該想辦法去用有限的生命去做出無限的功業。

一個入世的宗教，它給予人希望，知道從自身做起，不去計較別人做了什麼，只要有做，世界就會改變。最近有法師用整理回收物的方式帶信徒修行，他不要信徒捐獻金錢，但要他們捐獻時間去回收站作義工，從行動中修行。我看了這個報導真是非常高興，因為研究者發現動作會引發大腦中多巴胺（dopamine）這個神經傳導物質的分泌，而多巴胺跟正向情緒有關，運動完的人心情都很好，一個跳舞的人即使在初跳時，臉是蹦著的，跳到最後臉一定是笑的。所以星雲大師勸信徒，從動手實做中去修行是最有效的修行，對自己對

馮儀繪（局部）

社會都有益。

在本書中，大師說生活要求安心，心安才能體會人生的美妙，才聽得到鳥語、聞得到花香，所以修行第一要做到心安，既然人是群居的動物，必須要和別人往來，因此大師教導我們做人的道理，列舉了人生必備的十把鑰匙，書的最後兩冊是要大家打開心胸，利他與慈悲，與一句英諺：you can give without loving, you can never love without give. 相呼應。不論古今中外，智者都看到施比受更有福。

希望這套書能在目前的亂世中為大家浮躁的心靈注入一股清泉，人生只要心安，利人利己的過生活，在家出家都一樣在積功德了。

（本文作者為國立陽明大學神經科學研究所教授）

推薦序三

法鑰匙神奇的佛

胡志強

星雲大師，是我一直非常尊敬與佩服的長者。

長久以來，星雲大師所領導主持的佛光山寺與國際佛光會，聞聲救苦，無遠弗屆，為全球華人帶來無盡的希望與愛。

大師的慈悲智慧與宗教情懷，讓許多人在徬徨無依時，找到心靈的依歸。另一方面，我覺得大師瀟灑豁達、博學多聞，無論是或不是佛教徒，都能從他的思想與觀念上，獲得啟迪。

星雲大師近期即將出版的《星雲法語》，收錄了大師一〇八〇篇的法語，字字珠璣，篇篇雋永。

我很喜歡這套書以「現代佛法修行風」為訴求，結合佛法與現代人的生活，深入淺出地闡釋。尤其富創意的是，以十冊「法語」打造了十把「佛法鑰匙」，打開讀者心靈的大門，帶領我們從不一樣的角度，去發現與體會生活中的點點滴滴。

以〈旅遊的意義〉這篇文章為例：

「……就像到美國玩過，美國即在我心裡；到過歐洲渡假，歐洲也在我心裡，遊歷的地區愈豐富，就愈能開闊我們的心靈視野。

當我們從事旅遊活動時，除了得到身心的舒解，心情的愉悅之外，還要進一步獲得寶貴的知識。除了外在的景點外，還可以增加一些內涵，做一趟歷史文化探索之旅，看出文化的價值，看出歷史的意義。

比方這個建築是三千年前，它歷經什麼樣的朝代，對這些歷史文化能進一步賞析後，那我們的生命就跟它連接了。……」

「我們的生命就跟它連接了」這句話，讓我印象十分深刻，生動描述了「讀萬卷書，行萬里路」，正是一種跨越時空的心靈宴饗。

在〈快樂的生活〉一文中，大師指點迷津。他說：「名和利，得者怕失落，失者勤追求，真是心上一塊石頭，患得患失，耿耿於懷，生活怎麼能自在？」

因此「身心要能健康，名利要能放下，是非要能明白，人我要能融和。」

在〈歡喜滿人間〉這篇文章，大師指出：

人有很多心理的毛病，例如憂愁、悲苦、傷心、失意等。佛經形容人身難得如「盲龜浮木」，一個人在世間上一年一年的過去，如果活得不歡喜，沒有意義，那又有什麼意思？如何過得歡喜、過得有意義？

他提出幾點建議：「要本著歡喜心做事、要本著歡喜心做人、要本著歡喜心處境、要本著歡喜心用心、要本著歡喜心利世、要本著歡喜心修行。」

看到此處，我除了一邊檢視自己在日常生活中做到了多少？另方面，也希望把「歡喜心」的觀念告訴市府同仁，期許大家在服務市民時認真盡責之外，還能讓民眾體會到我們由衷而發的「歡喜心」。

而〈傳家之寶〉一篇中所提到的觀點，也讓為人父母者心有戚戚焉。

大師說：一般父母，總想留下房屋田產、金銀財富、奇珍寶物給子女，當作是傳家之寶；但是也有人不留財物，而留書籍給予子女，或是著作「家法」、「庭訓」，作為家風相傳的依據。乃至禪門也有謂「衣缽相傳」，以傳衣缽，作為叢林師徒道風相傳的象徵。

他認為「傳家之寶」有幾種：包括寶物、道德、善念與信仰。到了現代，書香、善念、道德、信仰更可以代替錢財的傳承，把宗教信仰傳承給子弟，把善念道德傳給兒孫，把教育知識傳給後代。

「人不能沒有信仰，沒有信仰，心中就沒有力量。信仰宗教，如天主教、基督教、佛教等等，固然可以選擇，但信仰也不一定指宗教而已，像政治上，你歡喜那一個黨、那一個派、那一種主義，這也是一種信仰；甚至在學校念書，選擇那一門功課，只要對它歡喜，這就是一種信仰。有信仰，就有力量，有信仰，就會投入。能選擇一個好的宗教、好的信仰，有益身心，開發正確的觀念，就可以傳家。」

細細咀嚼之後，意味深長，心領神會。星雲大師一千多篇的好文章，深刻而耐人尋味，我在此只能舉出其中幾個例子。很感謝大師慷慨分享他的智慧結晶，讓芸芸眾生也有幸獲得他的「傳家之寶」。

在繁忙的生活中，每天只要閱讀幾篇，頓時情緒穩定、思考清明、心靈澄靜。有這樣的好書為伴，真的「日日是好日」！

（本文作者為台中市市長）

推薦序四

佛法與生活及工作結合時

郝明義

對我而言，佛法中很重要的一塊是教我們如何對境練心。換句話說，也就是在生活與工作中修行。

生活與工作，無非大事小事的麻煩此起彼落；無非此人彼人的煩惱相繼而至。所謂對境練心，在生活中修行，就是我們如何調整自己面對這些麻煩事情、煩惱人事的心態、習慣與方法。

在沒有接觸佛法的過去，我憑以面對這些事情與人物的工具，不過是如何借由理性與意志力，來控制自己的脾氣與心情。但光是借由理性與意志力來控制，畢竟是有可及之時，也有不可及之時。敗多成少固然是問題，成敗之間的得失難以判斷，依循規則也難以歸納，則更是令人深感挫折。

但是接觸佛法，尤其以六祖註解的《金剛經》為我的修行依歸之後，雖然所知十分淺薄，但是光對境練心的這一點認知，已經讓我受益匪淺，知道了如何從根本調整自己在生活中面對煩惱的心態、習慣與方法。

譬如說，以一個出版者而言，這個行業的特質，尤其讓我覺得應用佛法別有心得。和其他行業不同，出版工作永遠要同時面對過去、現在、未來三個課題。今天新出版的書裡怎麼創造些暢銷書，這是要持續注意「現在」的課題；今天就要和作者討論幾個月甚至幾年後出版的書籍寫作內容，預作準備，這是要持續注意「未來」的課題；每一個出版社都要重視自己過去出版的書籍，注意如何讓過去已經出版的書可以持續再版，這是要持續注意「過去」的課題。這種工作中隨時要同時注意「過去」、「現在」、「未來」三種課題的需要，讓我特別體會到佛法可以對我所有的啟發與指引。

又譬如說，六祖的口訣「覺諸相空，心中無念。念起即覺，覺之即無」，讓我體會到其中的「念起即覺，覺之即無」正是「應無所住而生其心」的旁註，可以隨時應用在任何事情，讓自己恢復或保持清淨之心──哪怕是在最繁雜與忙亂的工作中。

雖然因為自己習氣深重，仍然有大量情況是「念起不覺」，來不及調整心態，注意不到要調整習慣，不適應應該採取的方法，而一再讓煩惱所趁，重蹈覆轍，但是畢竟我知道方法是的確在那裡的，只是自己不才，不夠努力而已。固然仍然是敗多成少，但畢竟可以看到比例逐漸有所改善。路途雖然十分遙遠，但是畢竟在跌跌撞撞中感受到自己在走路了。

一個黑戶佛教徒對佛法的心得，重點如此。

《星雲法語》中有著許多在生活與工作中的修行例證。希望閱讀《星雲法語》的讀者，從這本書裡也能得到在生活中修行的啟發與指引。

（本文作者為大塊出版集團董事長）

推薦序五

人生的智慧和導航

趙華懷箴

我一直感恩自己能有這個福報，多年來能跟隨在大師的身邊，學習做人和學習佛法。每一次留在大師身邊的日子裡，都可以接觸到許多感動的心，和感動的事；每一次都會讓我感覺到，這個世界真的是非常的可愛。

大師說：他的一生就是為了佛教。這麼多年來，大師就這樣循循的督促著自己，為此，馬不停蹄的一直在和時間做競跑。大師的一生，一向秉持著一個慈悲佈施、以無為有的胸懷，做大的人，做大的事。如果想要問大師會不會和我們一樣斤斤計較？我想他唯一真正認真計較的事，就是，對每一天的每一分和每一秒吧！

在大師的一生裡，大師從來不允許自己浪費任何一分一秒的時間；無論是在跑香、乘車、開會、會客或者進餐；大師永遠都是人在動，心在想，手在做，眼觀四方，耳聽八方，把一分鐘當十分鐘用；在高效率中不失細膩，細膩中不失大局，大局中不失周全；周全裡，充滿了的是大師對每一個人無微不至的關懷和體貼。

大師自從出家以來，只要是為了弘法，大師從來不會顧及自己的健康和辛苦，數十年如一日，南奔北走，不辭辛勞的到處為信徒開釋演講；只要有多餘的時間，大師就會爭取用來執筆寫稿；年輕時也曾經為了答應送一篇文稿給出版社，連夜乘坐火車，由南到北。大師從年輕就非常重視文化事業，大師也堅信用文字來度眾生的重要。大師一生不但一諾千金，獨具宏觀，不畏辛苦，忍辱負重；在佛教界樹立了優良的榜樣，對現代佛教文化事業得以如此的發達，具有相當肯定的影響力。到目前為止，大師出版的中英文書籍，已經不下數百本。

記得在六十年代的時候，大師鑒於電視弘法不可忽視的力量，即刻決定

歸去歸去江上一犂春雨
昔侍莊原師返鄉自杭州坐船至深渡浙徽兩省交界處山勢漸陡兩山林青翠江水悠悠夏秋之際甚有春意
庚辰侯吉諒憶寫

侯吉諒繪

要自己出資，到電視公司錄製作八點檔的「星雲法語」；使成為台灣第一個在電視弘法的節目。我記得大師的「星雲法語」，是在每天晚間新聞之後立即播出，播出的時間是五分鐘，節目的製作，即「精」又「簡」；節目當中，配合著簡單明瞭的字幕，聽大師不急不緩的縷縷道來；讓觀眾耳目一新，身心受益。

這個節目播出之後，立即受到廣大觀眾的喜愛和迴響。大師告訴我，在節目播出不久之後，由於收視率很好，電視公司自動願意出資，替大師製作節目；大師從此不但有了收入，也因此多了一個電視名主持人的頭銜。這個「星雲法語」的電視節目，也就是今天所出版的《星雲法語》的前身。

佛光山香海文化公司，精心收集了一千零八十篇的《星雲法語》，即將出版。這一條佛法的清流，是多年來星雲大師為了這個時代人心靈的須求，集思巧妙的運用生活的佛教方式，傳授給我們無邊的法寶。每一篇，每一個法語，星雲大師都透過對微細生活之間的體認，融合了大師在佛法上精深的修行智慧。深入淺出的詮釋，高明的把佛法當中的精要，很自然的交織在生活的細緻之間，用生活的話，明白的說出現代佛法的修行風範，讓讀者有如沐浴在法語春風之中的感覺，很自然的呼吸著森林裡散發出來的清香，在每一個心田裡默默的深耕著。等待成長和收割的喜悅，和著太陽和風，是指日可待的。

今承蒙香海文化公司的垂愛，賜我機會為《星雲法語》套書做序，讓我實在汗顏；幾經推辭，又因香海文化公司的盛情難卻，只有大膽承擔，還請各位前輩、先學指正。我在此恭祝所有《星雲法語》的讀者，法喜充滿。

（本文作者為國際佛光會世界總會理事）

卷一 調適生命之道

人生難免會有起起落落，
若能懂得調適，逆境也會成為順境。
生命需要調適，尤其是觀念的調適最為重要。

何謂道？

我們聽到釋迦牟尼佛，就會覺得是有道者；聽到耶穌，也知道是有道者；甚至孔子、孟子、諸大聖賢，都是有道之人。乃至社會上有些人發言、處世有著相當的內容、內涵，就會說：「這後面一定是有道高人給他意見、給他指點。」高人，人人可做，但它不是玄虛、神秘、高不可測，它必須有道。有

「道」，就能帶上所謂「高人」的智慧。

什麼是「道」呢？以下四點：

第一、慈愍好學謂之「道」：「道」在那裡？在於慈愍好學之心。心能好學，會有力量督促自己進步、增上；有慈愍心，會有悲願促使自己昇華、擴大。你能好學慈愍不間斷，可能一時之間看不到立竿見影的功效，經過日積月累，就會把自己打造成有「道」之人。

第二、正心善行謂之「道」：所謂：「欲修其身，必先正其心。」一個人能持守正心，不揚己善，不做害人之事、不說傷人之語，時時自我省察，正心誠意而行善，「道」便會在你的心中滋長。這樣的道德行為，會獲得眾人的敬重。

第三、覺己利人謂之「道」：宋朝大慧普覺禪師說：「學道人，逐日但將檢點他人底工夫，常自檢點，道業無有不辦。」我們每一天中，心裡都要挪出一個位置來自我反觀、反省，你可以覺悟到：我要變成什麼樣的人？我應該負什麼責任？我怎麼樣說話與人有利、做事與人有利？如何去幫助別人、服務別人？對社會國家盡心盡力？能如此覺己利人，這就是「道」的養成。

第四、昇華淨化謂之「道」：一個人如何生活？吃飯，良田萬頃，你日食幾何？睡覺，華屋千間，夜眠不過八尺，生活中的行住坐臥，真是有限。歷史上，明朝于謙「粉身碎骨都無怨，留得清白在人間」；唐朝劉禹錫「斯是陋室，惟吾德馨」，都叫人欣羨不已。假如你也能夠把自己人格昇華、道德增上、慈悲善心擴大，這就是所謂「道」。

所以，人在世間，金銀財勢不是最富貴，權利名位也非最富有，重要的是有沒有「道」。一個有道者，比擁有名利富貴更為人敬仰。

何謂「道」，遵循以上四點，就不難體會了。

- 第一、慈愍好學謂之「道」。
- 第二、正心善行謂之「道」。
- 第三、覺己利人謂之「道」。
- 第四、昇華淨化謂之「道」。

路

你走過路嗎？小孩子出生，第一個就要讓他學會走路；進入佛學院讀書，第一堂課也是教你如何排班走路。可見走路是人生一件重要的功課。路有很多種，火車在鐵路上行駛，汽車在公路上奔馳；飛機航行在天際中，船隻運行在海中央。人生有多少寬廣大路？有多少崎嶇小徑？有的人在巷道裡，繞來繞去繞不出來；有的人在康莊大道上，卻不知道前途目標在那裡？走到好路，走到不好的路，有時候也很難以抉擇。在此提供四種「路」參考。

第一、船的路是海洋：船要走路，走什麼路？汪洋就是船的路。多少客船，多少旅人，遠渡重洋，行走他

鄉；多少商船，多少貨櫃，飄洋渡海，載至遠方。有船，海洋給遊子帶來歸情；有船，海洋給商人帶來希望。

第二、燈的路是夜晚：我們點的燈也有路，燈的路是在那裡？夜晚。夜裡給人不安恐懼，黑暗讓人迷失方向。有了明燈，夜晚會給遲歸的人安心；有了光明，黑暗中，迷路的人就有了目標。

第三、人的路是行善：人也要走

路，人走什麼路？有兩條路，一條是善路，一條是惡路，當然我們要走善的那一條。行善，引導人們走向美好；行善，可以讓人獲得幸福。但是有的人是「天堂有路他不走，地獄無門闖進來。」他偏要走上惡路，那也只有等到他嘗到惡果，幡然醒悟時，才有回頭轉身的路了。

第四、道的路是悲智：所謂「道路」，道就是路。道的路是什麼？慈悲和智慧。佛陀有「兩足尊」之稱，因為他悲智雙運，所以福慧具足。因此我們修道，就要以「行佛」為路。行佛，就是行佛陀之所行，因為晦暗的世界，唯有佛日慈悲才能增輝；矇矓的人心，唯有法燈智慧才能照亮。我們學道，以悲智為路，慈悲如兩足，能遍行各地，了無障礙；智慧如雙目，能洞察真偽，發現實相。你用慈悲待人，彼此會和諧自在；你用智慧處事，凡事會順利圓滿。飛鳥以翱翔為路，魚兒以悠遊為路；軍人的路是服從，哲人的路是思考；商人勤奮就有致富之路，農夫耕作就有豐收之路；吾人在人生的道路上，應該走什麼路？

走信仰的路，走慈悲的路，走誠信的路，走真心的路。你要走奉獻眾生的路，要走服務社會的路？我對自己、對大眾鋪好了什麼路？

條條大路通羅馬，種種大道入長安；羊腸小路不好走，窮途末路不可行；不管你走什麼路，就是千萬不要走上「不歸路」。

路的四種，提供選擇。

第一、船的路是海洋。

第二、燈的路是夜晚。

第三、人的路是行善。

第四、道的路是悲智。

學道的方向

無論信仰宗教或是道德的養成，想要探究真理，深入精髓，都需要經歷一番身心的努力。學道，是一個十分耐人尋味的過程，偶爾難免會迷失，但只要不失方向，最終必能徹見真理風光。如何看清自己學道的目標與方向，以下四點：

第一、道之成在我：一位信徒問趙州禪師：「如何參禪悟道？」禪師不予理會，撇撇嘴說：「我要小便去。」走了幾步，停下來回頭告訴信徒：「你看！這等小事，還要我自己去，別人替代不了啊！」這意思是，學道是自我挑戰、自我超越的過程，點點滴滴，都需要親身經歷，如實感受，才能內化成為生命的體驗。因此，道之所成，是要靠自己去實踐、去圓滿的。

第二、道之行在時：世間萬事萬物的完成，都需要時間的醞釀。好比花苞要經過時間的含待，才能綻放，雞蛋也需要時間的孵育，小雞才會誕生。修道也是一樣，所謂「沒有天生的釋迦，沒有自然的彌勒」，要成熟心志、堅固道心，時間的歷練與耐心的養成，是不可缺少的重要因素。

第三、道之美在人：道之美，在於人的實踐彰顯。像佛陀時代擔糞尼提、貧女難陀，他們的身分雖然卑賤，生活窮困，但心中對法的恭敬與供養，卻是無上莊嚴清淨，流露的道氣，也因而美麗高貴。學道的人，重視的是內在的修持，以道德涵養自心，莊嚴自己，才能顯出「道」的美。

第四、道之證在修：佛教有所謂「修所成慧」，意即透過實修來體證自我的心性是否覺悟，道業是否增上。修，就是實踐、就是行持。好比要獲得一項專業技能，必須自我努力修習、專研，才能獲得；一如道業的成就，也要透過修行、內觀、參訪、服務等種種法門，以體驗宗教精神，體證真理。因此，道之證在修。

學道，不必拘泥身分，出家是學道，在家也一樣可以學道，二六時中，各行各業，都不妨礙學道，學道也不妨礙工作。

學道的方向在那裡？有以下這四點。

第一、道之成在我。

第二、道之行在時。

第三、道之美在人。

第四、道之證在修。

雲來氣接巫峽長
月出寒通雪山白
杜少陵古柏行句

調適生命之道

人生難免會有起起落落，若能懂得調適，逆境也會成為順境。生命需要調適，尤其是觀念的調適最為重要；擁有平靜的心靈，才能擁有善美的人生。「調適生命之道」有四點建議：

第一、「學習吃虧」能養德：比較、計較的日子不好過，因此人要學習吃虧。吃虧只是一時之失，得到長久的心安，討便宜雖是一時之勝，卻難保永久的勝利，好比兄弟相處若互不相讓，則有兄弟鬩牆之虞；朋友之間若互相占便宜，則不得深厚友誼。所以，從吃虧中學習退讓，久而久之，人的器量就會增大，人緣也就更廣了。

第二、「人我互調」能慈悲：要做好人際溝通，最強調的就是同理心，處處站在他人的立場來看事情，待人才能更圓融。如果每個人在埋怨別人前，都能人我互調地去考量別人的言行，那麼也就不容易起瞋心。好比你是一名員工，就必須考慮到主管的難處；你是主管，就應該照顧到員工的利益。凡事都能「待人如己」，為他人著想，才能和他人友好相處。

第三、「當然如此」能自在：一個人想要擁有智慧，觀念的建立很重要。受苦時，不以為苦，想當然也；受挫時，絕不灰心，想當然爾。能夠坦然接受人生的各種考驗，生活才會過得自在安忍；凡事如果都認為自己有理，則經常要怨天尤人，人生不易成長，唯有去除我見、我執，「當然如此」地接受，才是一種進步。

第四、「享有就好」能常樂：人生不一定要擁有，享有就好。好比山河大地雖然不是我的，但是我可以悠遊其中；別人擁有骨董、寶貝不是我的，但是我的眼睛能夠欣賞。富有之人，即使擁有廣廈千間，患得患失，又有何幸福可言；平民百姓雖然沒有榮華富貴，卻能隨心所欲，安然自在。有的人見不得人家擁有，給予搶奪、侵犯。

其實，能隨喜讚歎，享有歡喜不是更好嗎？世間不可能樣樣擁有，但是享有的樂趣卻是無窮盡的。

「調適生命」是人一生的功課。人人若能調適生命，生命淨化，社會也將呈現一片祥和。「調適生命之道」有四點：

第一、「學習吃虧」能養德。

第二、「人我互調」能慈悲。

第三、「當然如此」能自在。

第四、「享有就好」能常樂。

修道者以何為法樂（一）

思想是人類生命最重要的軸心，以正知、正見為首的「八正道」，是生命積極的道路。所謂修道或修行，最重要的就是對於人間事物賦予積極、正面、歡喜的眼光，對生活重新估定價值，以此清淨、解脫與「緣起性空」相應的新價值觀，走向圓滿究竟的生命。所以修行者當以實踐新價值觀為其「法樂」。修道者以何為法樂？

第一、以自我革新為樂：凡有心修道者，應在自心中常念：世間無常迅速，生命在呼吸間，怎能浪費珍貴的時間在無明與煩惱之中？修道者認清生命的事實，但求轉煩惱為菩提、轉黑暗為光明、化瞋怨為歡喜，不斷的革除陋習，修正自我的思想行為，從點點滴滴的小小體悟，匯集成豁然開朗的大徹大悟。

第二、以誦經念佛為樂：修道者以開悟聖者為學習目標，特別是對佛陀聖教的學習，都要實踐於日常生活中。但在擾攘的紅塵俗世，常會聽到人們說長論短或製造是非。如果將專注於是非煩惱的心思，用來聽聞誦經的清淨梵音，專注在念佛的海潮音聲中，會讓內心生起法喜法樂。所以在佛門裡面，與人打招呼，以一聲包含祝福對方無量光明與歡喜的「阿彌陀佛」，來表示自己的真誠心意。念念不離佛號，把一聲「阿彌陀佛」念到一切時、一切處，走到那裡都能歡喜自在。

第三、以禪坐經行為樂：「吾有法樂，不樂世俗之樂。」這是維摩居士最有名的一句法語。學佛禪修者，可以到設有禪堂的寺院道場學習禪修，也可以抄經、拜佛、誦經、持咒等，這些方法，都能將身心上的負擔

放下或沉澱，體驗佛法之妙，自然帶來再出發的活力。

第四、以布施結緣為樂：布施結緣是事業成功的不二法門，也是家庭圓滿的重要內涵，甚至做人處事、修行佛道，也離不開布施。布施還要結善緣，例如以鼓勵之語言、真誠的讚美來激勵他人，能增加他人信心；布施時間，陪伴孤獨，加持勇氣於他人，能幫助他人破繭而出。無論對親朋好友或是素昧平生之人，如果明白對方有這樣的需求，隨時一句貼心的關懷，甚至精心營造的歡樂，都能溫暖人間。如果人人都歡喜布施結緣，你、我、他都能歡喜和諧、同體共生。

修道者處於世間，但在他們眼中，「慈眼視眾生」比「心中只有我」更重要。他們如世人一般有著事業職務，需要日常飲食，心境卻是遠離紅塵，與世無爭，散發出與自然相應的氣質，有著超然物外的情操。發心修道的人，內不著妄心，外不著妄境，不以世俗五欲為樂，內心有著更多的法喜自在。修道者以何為樂？

第一、以自我革新為樂。

第二、以誦經念佛為樂。

第三、以禪坐經行為樂。

第四、以布施結緣為樂。

修道者以何為法樂（二）

有志修行者，既以人間為道場，平時應注重群我關係，關懷身心家國世界，適時給人歡喜、給人信心、給人希望、給人方便，又能「以眾為我」，以「有願擔當」為榮，以「力行實踐」為樂，為人間增進真善美的境界。什麼是修道者的快樂呢？以下列舉四點：

第一、以奉獻服務為樂：一般人的想法，總以為自己過得舒服最快樂，修道者卻認為，要能奉獻生命的光與熱，才是長久的快樂。因此，他們發心做義工，投入社區服務，為傷殘人士爭取福利，幫助特教兒童等。他們奉獻一己之能，以助人為樂，樂此不疲。以服務奉獻為樂之人，具有菩薩的性格，提升自我的人格也比一般人快速，心中也比一般人法喜。這就是投身服務工作帶來的「附加善果」。

第二、以感恩知足為樂：世間上有錢、有權、有名、有利的人，如果少了感恩知足，就會過得空虛而缺少內涵。缺少物質還不是生命的大患，生命缺少感恩知足的歡喜，則一生悲苦不平、擾攘不寧。做人做事要能感恩圖報，甚至要「滴水之恩，湧泉以報」，因為快樂是來自於心中的能源。舉例說，如果老闆不懂得感恩員工，只知壓榨員工血汗，公司業務必然難以發展，甚至很快面臨困境。員工不知感恩公司，只知索求無度，勞資雙方都會兩敗俱傷。反之，如果能夠彼此感恩，互相體諒，以真心誠意研討得失對策，必定能夠合作無間，大展鴻圖。

第三、以隨緣方便為樂：修行的法門為什麼會有「八萬四千種」呢？因為「法」是為人而說的，又因為每個人的根基不同，所以要有許多方便法門來對治。但這些法門都不離開重要的軸心，在佛教謂「觀機逗教」，在儒家曰「因材施教」，只要隨順眾生的覺性，隨緣方便度化，應機說法，無論是本身的修行，或在日常生活中助他、度他，必能在隨緣中得到自在。

第四、以宣揚正法為樂：佛陀在菩提樹下證悟成佛後，立即到鹿野苑轉法輪、度化五比丘，打開了世間光明的大道。此後四十九年間，為宣揚正法而行腳弘化，直至涅槃。佛陀十大弟子中，說法第一的富樓那尊者，樂於到偏遠蠻荒之地弘法；印度弘揚空觀思想的聖僧龍樹、提婆菩薩，弘揚唯識思想的世親、無著菩薩，都是將一生奉獻給弘揚佛法的工作，今日才有這些生命的佛法明燈，照亮千古的輪迴之路。今日的修行者，也應以弘揚正法，流傳世世代代的未來，報答佛陀及先聖先哲的恩德，圓滿本身

的功行。如此，有能力為正法盡一己之力者，乃是世間至高幸福之人。

如是，修道者從奉獻服務中昇華生命，從感恩知足中充實內涵，在隨緣方便中安頓身心，於宣揚正法中圓滿自他。快樂從那裡來？

- 第一、以奉獻服務為樂。
- 第二、以感恩知足為樂。
- 第三、以隨緣方便為樂。
- 第四、以宣揚正法為樂。

求道四心

大部分的人在不同階段都會有所追求，童年、青少年時期要求學；長大成人要追求婚姻伴侶；畢業後要追求具足財富、事業發展等等，在各方面都有基礎後，他可能對這世間種種物質外在感到不能滿足，因此他開始求道。求道也要有求道的心，才能有所成就，以下四種心是必須具備的：

第一、能捨一切所有而不望報：有的時候，我們懂得布施、懂得慈悲、懂得服務，但是布施、慈悲、服務之餘，總希望別人能回報於我們。一有這種貪求望報的心理，就不是真的「道」，不是真正的功德。求道的人，他能捨一切所有而不望報，就好像太陽普照大地，而沒有要求大地萬物回報給他，所以太陽才成其擴大、成其普遍、成其永恆。

第二、能失生命財產而不捨法：一個求道人，他寧可以損失財產，甚至犧牲自己的生命，都不會捨棄自己的道、自己的佛法、自己的信仰、自己的宗教。能可以看自己的道德、人格、信仰更重於生命財產，把道、信仰，看成比生命財產還重要，這才是求道之心。

第三、能信甚深因果而不疑惑：有時候，有的人對於自己一時的榮辱得失際遇，就心起懷疑，不信因果。所謂：「種瓜得瓜、種豆得豆」、「善有善報，惡有惡報」，因果是不會錯誤的，因果的法則，比電腦還要準確，對於甚深因果不要疑惑，它不是宗教教化的戒條，而是我們心中的一把尺，度量自己的命運。因此，深信因果，就能為自己承擔、負責。

第四、能持清淨戒法而不毀犯：所謂「戒為無上菩提本，應當一心持淨戒。」戒是邁向解脫自在的法門，持戒是一種「己所不欲，勿施於人」

的慈悲心與菩薩道的具體表現。因此，我們可以看到許多修道者，甚至只是一個沙彌，對矜持的信仰戒條，都不會輕易去毀犯。守持戒律時，應把握戒的基本精神，才不會拘泥戒條的形式，而能與時俱進，安頓身心，淨化社會。

求道是為了昇華我們的人格，為了淨化我們的煩惱，為了擴大我們的心胸，為了莊嚴我們的世界，讓我們的生命更長久，更有意義。以上求道四心，是我們應抱持的信念。

- 第一、能捨一切所有而不望報。
- 第二、能失生命財產而不捨法。
- 第三、能信甚深因果而不疑惑。
- 第四、能持清淨戒法而不毀犯。

道心

在佛教叢林裡看人，不一定看他的聰明、能力，主要是看他的道心。他愛護不愛護公家的物品，這就是道心；他對大眾護持不護持，這就是道心；他對團體盡忠不盡忠，這就是道心；他對奉獻服務勤勞不勤勞，這就是道心。此外，什麼是道心？有四點說明：

第一、直心無諂是道心：直心就是沒有諂曲、沒有獻媚、沒有逢迎、沒有虛假，一就是一，二就是二；直心才容易入道，所以在《維摩經》裡說：「直心是道場。」平常我們與人交朋友，乃至待人處世，也要用一顆平直無諂曲的心，才合乎道德；如果沒有直心，缺乏真誠，那就不合乎道德。

第二、正心無邪是道心：正心就是公正平等之心。一般人的心，都是不平等的，對於我所親愛的人，或是我的同學、我的同事、我的同鄉，就對他好一點；我所不愛的人，或是跟我不同思想、不同種族的人，就對他差一點。因為不能用平等心待人，所以有偏見、有邪見，這就難以入道；能夠正心無私，才是道心。

第三、真心無偽是道心：真心就是沒有虛假、沒有污染的心。一個人若無真心，做事容易起煩惱；一份「真心」，內含恭敬、平等、慈悲、智慧、謙虛等美德。所以有真心的人講話，都是真實語、如實語、不異語、不妄語；做人也都是真實、單純而沒有虛假，這就是道心。

第四、慈心無暴是道心：經云：「慈能與樂，悲能拔苦。」慈悲心就是給人歡喜，給人快樂，給人幸福，給人方便；能夠拔除別人的痛苦，消

除別人的困難，就是慈悲心。

有慈悲心的人自然不會用暴力待人，也不會用欺騙的手段或耍各種計謀來打擊別人，這就是道心。

因此，什麼是道心？有四點：

第一、直心無諂是道心。

第二、正心無邪是道心。

第三、真心無偽是道心。

第四、慈心無暴是道心。

學道的準則

世間上每個人追求的目標都不一樣，有的人一心只想賺錢，有的人醉心迷戀於愛情，有的人希求名聞利養，有的人志在求道修行。

在佛門裡有所謂「道高一尺，魔高一丈」。求道學法的人最怕心態不對而走偏了路，甚至著了魔道，所以有心學道修行的人，應該注意六點：

第一、不得貪求神通：學道的人有時候希求神通，例如天眼通、天耳通、他心通、神足通、宿命通、漏盡通等，佛教稱為「六通」。但是一個人有了「神通」真的很好嗎？比方說有人在背後毀謗你、批評你、謾罵你，你沒有天耳通，聽不到，日子比較安然好過；如果你有了天耳通，但卻沒有很好的修養、道德，你聽到人家批評你、毀謗你，心裡一定不好受。你有天眼通，別人瞞著你做一些對不起你的事，你也會很難受；如果你沒有天眼通，看不到，自然「眼不見，心不煩」。所以，學道的人如果自己的成就、道念還沒有到達一定的程度，最好還是不要貪求神通，有神通未必是好事！

第二、不能用心邪道：有的人學道總是抱著一份好奇心，希望這個也學、那個也學；這個參加、那個也要參加。其實，平常心就是道，不必好奇；你念佛，就把一句佛號念好；你打坐，就好好的老實打坐。尤其學佛修行，最重要的就是正見，千萬不能用心邪道，否則學道不成反為魔用。

第三、不必希求妙果：一般學道修行的人，莫不希望趕快開悟，馬上證果，馬上得到許多玄奇神妙的靈異。由於最初的用心不正，所謂「因地不正，果遭迂曲」。這也是學道者所應注意的。

第四、不可自生疑慮：信仰宗教的人，應該依著善知識指導修行，千萬不可自己盲修瞎練，或是患得患失，心裡產生疑慮，這是自尋苦惱，自找麻煩！

第五、不起恐怖妄想：學道的人，懂得「如是因，感如是果」，就沒有什麼恐怖的。因為自己沒有造下惡因，自然不怕自食惡果；反之，如果你造下了五逆大罪，即使怕墮地獄，也不是怕就能躲得了

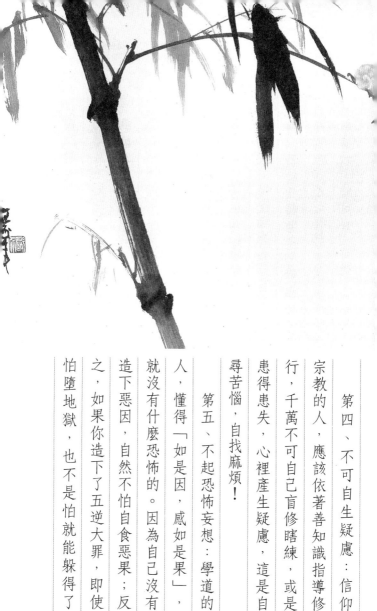

的。所以自己要有信心，不必恐怖！

第六、肯定自心是佛：學佛的人對自我的尊重，尊重自我的性靈，尊重自我的佛性，尊重我自己「自心是佛」，這是最重要的。所謂「即心即佛」、「即佛即心」，你有信心自己可以成佛，那麼世上還有什麼事不能成的呢？因此，學道修行的準則有六點：

第一、不得貪求神通。

第二、不能用心邪道。

第三、不必希求妙果。

第四、不可自生疑慮。

第五、不起恐怖妄想。

第六、肯定自心是佛。

超越世間

世間人為了生死，悲喜交替；為了生計，憂悲苦惱；為了貧富，斤斤計較；為了有無，惶惶不安。一天當中，忽悲忽喜，忽苦忽樂，好像熱鍋上的螞蟻，失去了方向。因此，在這一個動亂的生活裡，總想有一點解脫自在的生活，超越現實，超越對待。如何超越呢？有四點意見：

第一、要視生死一如也：一般人以為生可喜、死可悲，開悟的禪師卻視生死一如，坐脫立亡，來去自如。生死，也是觀念的轉變。過去有位母親想要尋死，老和尚告訴她：「既然你生命不要了，就把它奉獻給佛教吧！」她若有所悟，從此在服務的義工生活裡，獲得歡喜，也獲得重生。生死是什麼？如薪盡火傳、如蟬脫殼，此死彼生，「生未嘗生，死未嘗死」；視生死一如，就能超越限制，超越輪迴。

第二、要視苦樂一味也：中藥裡，甘草味甘，具清熱解毒之效；黃連味苦，亦可解熱去毒，可見甘苦同功也。練功，下苦功夫，才會有所榮耀成就；小丑，內化辛酸，帶給世人歡樂，苦樂亦是同體也。能將苦樂調為一味，認知苦是一種奮鬥、一種增上、一種成果，也就能「處苦境不覺得苦，處樂境也不以為樂」，超越感受，體會中道的生活。

第三、要視貧富一念也：人生的幸福快樂，貧富不是絕對的條件，也不是判定人格尊嚴的標準；有人粗茶淡飯不改其樂，有人富甲一方，仍然憂愁煩惱。如果心裡擁有滿足、歡喜、豁達、緣份、平安，即使身無立錐之地，也可以超越貧富，享有三千大千世界。

第四、要視空有一體也：大部分的人視「空」和「有」為截然不同的境界，「有」的，就不是「空」，「空」的，絕對不可能「有」，用二分法把空、有的關係一刀兩斷。事實上，空、有是一體兩面，好比手心和手背都是肉，又好比孿生兄弟，兩者相需相求、相生相成。如同杯子空了，可以裝水；口袋空了，可以置物。認識空有一體，可以發揮無限。

超越世間，就要超越對待，就要超越分別。所謂：「猶如木人看花鳥，何妨萬物假圍繞？」面對紛擾生活，面對萬花世界，內心不會動搖，這就是超越。如何超越世間？有以上四點意見。

第一、要視生死一如也。

第二、要視苦樂一味也。

第三、要視貧富一念也。

第四、要視空有一體也。

修道者的心

現在世界上有很多的宗教，不管信仰什麼宗教的人，都要講究修道。

修道者要有修道者的心；如果光有一個修道的名，而沒有修道的心，那也是徒具虛名。

什麼是修道者的心呢？有四點：

第一、濃淡，要有不拘的中道心：在這個世間上，人情有濃有淡，有時候別人對

我們表現得很親、很濃，有時候又覺得很疏、很淡。在時濃時淡的人情裡，有的人容易患得患失，所以就被人情束縛了；如果你能具有濃淡不拘的中道心，那麼你就能獲得解脫自在，這就是一個修

道的人。

第二、順逆，要有不憂的雅量心：順境、逆境，這是人生必然的境遇！有的人順境來了就好高興；逆境來了就很煩惱、很排拒，這是表示自己沒有力量，不僅憂愁擔當不起，歡喜也沒有修養接受，所以在順逆的境界裡動盪不已。假如能夠有順逆不憂的雅量心，就如同彌勒菩薩的乾坤袋，好和不好都放到他的乾坤袋裡，何等自在！所以我們要想學習布袋和尚的自在，應該要有順逆不憂的雅量心。

第三、哀樂，要有不入的平常心：榮枯、哀樂，這也是人生的實相。能夠做到哀而不傷，樂而不縱，喜樂悲哀都不會侵入到我的心裡，我都能消融它、化解它，這就是一種修道者的心了。

第四、有無，要有不計的平等心：世間上的人，每天總在「有無」裡計較：有錢財，無錢財；有人喜歡我，沒有人喜歡我；我有了一棟大樓，我又倒閉了。天天就在「有無」裡面上下起舞，終日不得安寧。如果我們能夠懂得，有，有也不是我的，是共有的財產；無，也沒有關係，無是無量、無邊、無限，無會更多。能夠有這種有無不計較的平等心，那就能與道相應了。

所以，一個修道者的心，對於世間的濃淡、順逆、哀樂、有無，要能做到：

- 第一、濃淡，要有不拘的中道心。
- 第二、順逆，要有不憂的雅量心。
- 第三、哀樂，要有不入的平常心。
- 第四、有無，要有不計的平等心。

日常修行

修行非口號、形式，而是要將佛法運用到生活裡。修行離開了生活，離開了人間，就沒有修行可言。日常中怎麼修行呢？以下提出四點：

第一、以念佛來制心一處：「念佛一聲，罪滅河沙。」念佛有殊勝的功德，因為佛號可以驅逐我們虛假分別的妄心。尤其當心煩意躁時，一心一意稱念佛號，念到心無染著，自然就能放下身心罣礙的世界。念到「佛即是我，我即是佛」，念到自己佛性出來，那就達到念佛的目的了。

第二、以數息來呼吸順暢：要對治妄念，可以用念佛法門；對治散亂，則可用數息的方式。《六妙法門》云：「於數息中，證空靜定，以覺身心，寂然無所緣念。」數息就是數自己的息，呼氣、吸氣，這一呼一吸稱做一息。呼吸要長短分明，緩慢的一進一出。調至呼吸平穩，氣息不粗喘，慢慢的，平常生活、待人處事中，也就能不慌不忙，氣定神閒了。

第三、以感恩來惜福愛物：常懷感恩心，是做人處事重要的修行。感恩是美德，感恩是富有。因為感恩，所以能懂得惜福愛物，不致浪費。匱乏的人，總想從別人那裡獲得什麼；富有的人，卻是心存感謝，時時想要施與別人。這個世界不是只有自己一個人，東西要能與人共有共享，才能共榮共存。能夠懂得感恩、惜福愛物、分享布施的人，就是人生最大的富有者。

第四、以懺悔來反省言行：「人非聖賢，孰能無過。」一個人最怕的不是犯了過失，而是犯了過失仍然不知道悔改。好比陷入錯誤的泥淖裡，若能及時回頭，仍可得救；如果一意孤行或自怨自艾，耽溺於過失中不肯自拔，則將愈陷愈深，終致滅頂。所謂「不怕無明起，只怕覺照遲。」當無明煩惱生起現行時，只要察覺並懂得懺悔，仍然是個清淨善良的人。個人常常懺悔，言行就會進步；人人都有慚愧懺悔的心，人我之間就沒有爭執，這個社會就會「共生吉祥」。

修行是實踐的功夫，是從身心行儀裡流露出來的道德、涵養。有修行才有福德，人生也才會圓滿。

日常生活中要如何修行？

第一、以念佛來制心一處。

第二、以數息來呼吸順暢。

第三、以感恩來惜福愛物。

第四、以懺悔來反省言行。

現代的道場

自古以來，寺院就是藝術的殿堂，佛像雕刻、繪畫，乃至寺院本身的建築之美，令人自然心生寧靜祥和之感。置身其間，聆聽晨鐘暮鼓、磬漁梵唱，帶給人心靈的淨化、精神的鼓舞、思想的啟發，對社會人心產生一股道德的自我約束力。時至現代化的今日，道場的功能又擴大了，有那些功用呢？

第一、傳統與現代結合：傳統叢林有著早晚課誦、鐘板號令、禪修念佛與法會等修持特色，現代的寺院，除此之外，更具有現代化的設備，如千人用餐的齋堂、寬敞的會議室、講說的經堂、方便的視聽室等等，針對不同根機的眾生，給予契理契機的接引因緣。結合寺院傳統的特色與現代化的功能，發揮淨化人心、改善社會風氣的力量更大。

第二、僧眾與信眾共有：過去的寺院道場都是出家人所有，過去的佛教，也主要靠出家人來弘揚發展。時至今日，佛教已經傳播到全球五大洲，僅憑少數出家人的努力，顯然不足；尤其隨著教育的普及，在家眾中，才學豐富者也不在少數。因此，現代化的寺院道場，在一個教主佛陀的感召之下，寺院道場為僧信二眾共有，彼此敞開心胸，相互融和幫助；在一個人間佛教的信仰之下動員，彼此尊重包容，共同發揮弘化的力量。

第三、行持與慧解並重：現代的寺院道場，有著行解並重的功能。所謂：「行在禪淨雙修，解在一切佛法。」除了禪堂、念佛、禮懺、法會等共修課程，讓身心達到安定、淨化之效，並有講經說法，以增進慧解，消除煩惱。此外，也舉辦各種社教課

程、活動，從自利利他中，福慧雙修、知行合一。

第四、宗教與藝文合一：傳統寺院本來就具有藝文之美，雕樑畫棟、歌唄讚詠、詩書畫作等，都給予眾生有著不同的心靈感受。現代化的寺院道場，更是重視藝文的內涵，其舉辦各種文學、心理、藝術等講座，各種講習會、讀書會、研習營，並設有滴水坊、陳列館、展覽館、寶藏館、美術館等，可以說，讓佛教與藝文結合外，更展現寺院多元化的功能。

佛教寺院的意義何在？世間的錢財，只能拯救肉身生命，濟人燃眉之急，但無法息滅貪瞋癡三毒；佛法的布施，能更進一步地淨化心靈，孕育法身慧命，使人斷除煩惱，了生脫死，其影響及於生生世世，這才是最徹底的慈善事業。今日現代化的佛教，寺院道場就是學校，就是加油站，就是百貨公司，它淨化我們的心靈，豐富我們的生活，擴大我們的願心，昇華我們的生命。現代寺院道場的功能有這四點：

第一、傳統與現代結合。

第二、僧眾與信眾共有。

第三、行持與慧解並重。

第四、宗教與藝文合一。

修行

修行不是專指宗教的行為，也不只是外表的形式，而是內心道德的養成，人格的昇華。所謂「有德者得民心，有道者受人欽」，春秋時期，宋國宰相子罕注重修行，賢名遠播，即使宋國受到三個強國包圍，都沒有受到侵犯；戰國時期，魏國的段干木德行高尚，秦國因尊重他而撤兵。如何是修行之道？有四點意見：

第一、處眾時，要有敏銳的觸覺：大眾猶如一個大冶洪爐，冶煉每個人的性情。處在形形色色的大眾中，待人處事，都要培養敏銳的覺知。像處理事情時，要能從一個點聯想到其他的點，由點而線，再由線考量到全面，對於事物能有整體的觀念，時空都能拿捏得恰如其分，就不會掛一漏萬。

第二、勞動中，要有植福的觀念：許多年輕人畏懼勞動，害怕勞動，這樣容易養成懈怠懶惰。佛門裡訓練人才，經常要他從搬柴運水、舂米種菜、廚房典座、行堂掃地，為大眾服務開始。甚至連百丈禪師都說：「我無德勞人，人生在世，若不親自勞動，豈不成廢人？」由此可知，從勞動中培植福德，不僅學習謙卑忍耐，也養成堅韌的意志。

第三、布施時，要有無相的慧解：佛門裡常對布施者讚嘆說：「功德無量。」所謂無量，不在數字的大小，而在發心。你心量有多大，結的緣就有多廣。《金剛經》云：「若菩薩不住相布施，其福德不可思量。」也就是說布施時，不執著有布施的我、布施的東西，以及受布施的人，當然更不心存回報的念頭。如此布施，自然了無牽掛，自、他都自在。

第四、心靈內，要有道德的基礎：西晉名將羊祜，無論為官或治軍，皆重視仁德，並為朝廷舉薦人才，不為人知；在陣前，他厚待敵軍降將，使得歸降者愈來愈多。宋朝趙概位居翰林學士，為人仁慈寬厚，救濟他人，嚴謹行事，克己修身，每日以黑豆計算惡念，黃豆計算善念，隨時內省策勵，終於成為德行高尚之人。

修行不須到遠處，而是要從日常自我的修正做起，超越自己，健全自己，進而開發生命內涵與意義。修行之道，有以上這四點意見。

第一、處眾時，要有敏銳的觸覺。

第二、勞動中，要有植福的觀念。

第三、布施時，要有無相的慧解。

第四、心靈內，要有道德的基礎。

修行之人

修行，含有實習、修養、實踐之意；簡單的說就是修正自己的行為。宗教本即有信仰與修行的雙重要求，以佛教而言，行者自身欲實現佛陀體驗之境界，而專心精研修養，則稱為「修行」；而實行修行功夫者，則稱之為「行者」。一般來說，我們看到出家人，便說這是修行的人；看到學佛的居士，也說這是修行的人；或者看到吃素的人，甚至看到有道德、有慈悲的聖賢，也稱之為有修行的人。到底什麼是修行之人？有四點看法：

第一、能為眾生說因果：一個人可以不信佛教，但不能不信因果，所謂「善有善報，惡有惡報；不是不報，時辰未到。」善惡因果是非常科學的理則，一個人有了因果觀念，就不敢為非作歹；有了因果觀念，就不致於亂了自己的生活，亂了社會的秩序。因此，凡是能為人宣說因果道理的人，就是修行之人。

第二、能為眾生解困厄：當眾生有困難、苦厄時，我能幫他解除，就等於他挑的擔子太重了，我幫他分擔一點；他心中的障礙太多了，我替他分憂解勞。尤其能用佛法讓人遠離無明，讓人解除心裡的煩惱、束縛，這樣的人也可以稱為修行之人。

第三、能與眾生共患難：有的人有福能同享，有難卻不能同當。一個修行的人，當別人有了困難時，應該立刻給予幫助。例如，當別人需要協助的時候，給他一些助緣，陪他共度難關；當別人傷心、失意時，給他一個笑容、一句鼓勵，助他跨出心情的谷底。像這樣的人，也是修行之人。

第四、能與眾生共安樂：願意與人共患難的人固然難得，有時當別人歡喜快樂時，也要能隨順眾生，跟著大家一起同樂。如果別人歡喜，你卻哭喪著臉，不但自己痛苦，也破壞別人歡喜的心情。因此，當別人快樂時，不能破壞他、忌妒他、傷害他，而要懂得隨喜讚歎，懂得助人之興，懂得與大家共安樂，這種人也可稱為修行之人。

所謂「修行」，不一定要每天誦多少經、拜多少佛、做多少功德善事；重要的是能在生活中，時時做好事、說好話、存好心，隨喜隨緣的助人、與人為善，這就是最好的修行。所以，何謂修行之人？有四點意見：

第一、能為眾生說因果。

第二、能為眾生解困厄。

第三、能與眾生共患難。

第四、能與眾生共安樂。

修行之要

我們常聽人說：要「修心養性」，「心」固然要修行，其實身體的六根，眼睛要修行，耳朵要修行，嘴巴要修行，五官四肢都要修行。所以「修行之要」，也不光只是修「心」，而是應該從身到心，裡外都要修行。

茲有四點意見提供參考：

第一、面上無瞋是供養：佛教講供養，一般信徒對佛菩薩有「十供養」，就是：香、花、燈、塗、果、茶、食、寶、珠、衣。其實我們對人最好的供養，也不一定要用在物質上講究，有的人送紅包、送水果、送紀念品，但是如果沒有真心誠意，板著一個面孔，也沒有意思；倒不如一臉真誠、無瞋的微笑，更能給人歡喜。微笑是最美麗的色彩，世界上哪一個人不希望看到別人對他微笑呢？所以「面上無瞋」，這是最好的供養。

第二、口中讚歎出妙香：現在是一個很重視色彩、聲音的時代，我們除了臉上要常保笑容以外，口裡更要經常有讚歎的音聲。你看，現在的廣播電臺、電視公司，都很講究音響，有的音響音質很美，價值幾十萬；有的音響雜音很多，只值幾千塊錢。音響有好壞，我們人的口也有好壞，有的人一開口說話，就是要損人，所謂「狗嘴裡吐不出象牙」；有的人說話如天籟，如花香，讓人聽了心花怒放，樂於親近。能夠說出讓人歡喜、受用的話，才有價值，才是最好的供養。

第三、心裡慈悲無價寶：一般人的心中，經常被貪瞋癡所佔據，所以要「修心」。心要怎麼修？最要緊的是修出「慈悲」來。佛教講「慈悲為本，方便為門。」「慈悲」的定義就是「慈能與樂，悲能拔苦」，能夠帶給別人快樂，拔除別人的痛苦，這就是最好的修行，也是最上的無價之寶。

第四、佛光普照福壽康：常有人問「佛在那裡？」佛在常寂光淨土裡，佛在極樂世界裡，佛在虛空法界裡，這種種的說法都沒有錯。但是，學佛最重要的，要把佛修到自己的心裡來，要把佛修到自己的感覺裡。假如你的心中有佛，你感覺得到佛的存在，你能與佛的法身同在，所謂「佛光普照」，自然能夠獲得福壽永康寧。所以，我們講修行，最好是六根互用、六根共修。「修行之要」的四點意見，就是：

- 第一、面上無瞋是供養。
- 第二、口中讚歎出妙香。
- 第三、心裡慈悲無價寶。
- 第四、佛光普照福壽康。

六根修行

常聽人說：「人要修心養性。」其實光是「修心」還是不夠的。人體上有眼、耳、鼻、舌、身、心等六根，他們每天接觸六塵，攀緣外境，引誘我們造作種種的惡業，因此佛經形容六根如同六個盜賊，時時在竊取我們的功德法財。我們要如何避免受到「六根」所害，就是要做好六根的修行。六根如何修行，說明如下：

第一、眼能見己身之過：一般人的眼睛，都是用來看別人的過錯，卻看不到自己的缺失，因此整天討厭這個、不滿那個。如果我們能改變自己，不再光看到別人的不是，而能「反觀自照」，看到自己的過失、自己的不是，這就是眼睛的修行。

第二、耳能聞逆耳之言：俗語說：「良藥苦口，忠言逆耳。」一般人的耳朵，只喜歡聽別人讚美我，說我的好話，但對朋友誠懇的忠告，卻是置若罔聞，甚至心生反感。如果我們現在能歡喜納受別人的規過、勸諫之聲，甚至「聞過則喜」，這就是耳朵的修行。

第三、鼻能嗅聖賢之香：有人形容，鼻子追逐香臭之味，就像「探子」打聽軍情一樣，可見鼻子的敏銳。不過一般人的鼻子，一天到晚只是追逐飲食的香味，如果我們能進而嗅到聖賢道德的芬芳之味，這就是鼻子的修行。

第四、舌能嚐真理之味：舌能嚐鮮，是謂「口福」，一般人更以能夠嚐盡天下的珍饈美味，是為莫大的福報。不過，「病從口入，禍從口出。」這也是人盡皆知的道理，所以我們最好要讓舌頭經常咀嚼真理的法味，進而能口宣佛法真理，這就是舌頭的修行。

第五、身能觸清淨之境：人的身體喜歡接觸冷熱適中、柔軟細滑的東西，所以我們要坐沙發、睡床鋪，享受冷氣等。如果能偶爾到寺院道場去禪坐、禮拜、端身、正直，讓身體感觸清淨的境界，這就是身體的修行。

第六、意能思慈和之樂：語云：「人不自私，天誅地滅。」一般人每天心心念念想到的，都是自己如何獲利、如何揚名、如何發財、如何成功。如果我們能夠進而想到：我要慈悲、我要公正、我要和平、我要助人。尤其要能夠有「但願眾生得離苦，不為自己求安樂」之念，這就是心的修行。

修行非口頭上、意念上、說給人家聽的修行，而是要能真正地去實修、實行。修行不必談了生脫死，先把六根修得好，就已是功德無量。

六根的修行就是：

第一、眼能見己身之過。

第二、耳能聞逆耳之言。

第三、鼻能嗅聖賢之香。

第四、舌能嚐真理之味。

第五、身能觸清淨之境。

第六、意能思慈和之樂。

眼根修行

眼睛是靈魂之窗，如果沒有眼睛，不但生活上將會造成諸多的不便，而且無法欣賞到五彩繽紛的美麗世界。不過凡事有利有弊，眼睛有時候不當看而看，或是看錯了，也會造成人際之間許多的是非與糾紛。如何才能發揮眼睛應有的功能而不致產生麻煩，首先要做好「眼根」的修行。有四點說明：

第一、我們要修慈眼：慈悲是人間最美好的無價之寶，觀世音菩薩所以能被家家戶戶所信仰，就是因為觀世音很「慈悲」。所謂「慈眼視眾生」，能以慈悲的眼睛看人，人人都是菩薩，所以我們不要用懷疑的心眼看人，不要用不信任的眼光看人，不要用先入為主的觀念看人，而要以慈

悲心待人，以慈悲的眼睛看人，則不但所遇都是諸上善人，其實當下自己就是慈悲的觀世音。

第二、我們要修慧眼：慧眼就是真理的眼睛、智慧的眼睛。一個人能透過般若智慧的眼睛來辨別是非、權衡輕重、知道善惡、了解好壞，這就是慧眼。有很多人不明理，就是因為智慧不夠，看不清事實真相，所以能修出一雙智慧的眼睛，才不會被假相所迷惑。

第三、我們要修法眼：法眼就是對真理的認識，例如對生從何來？死往何去？對宇宙的起源與還滅，乃至對一個人的生、老、病、死，對世間的成、住、壞、空，對心念的生、住、異、滅等，我們要用法眼去透視。法眼就如顯微鏡，再細微的事物，經過顯微鏡一照，真相就會顯現出來。所以我們要修出一雙法眼，才能看清人生實相。

第四、我們要修佛眼：佛就是覺悟真理的人。能用佛眼看這個世間的一切眾生，彼此都是平等無差別；能用佛眼看這個世間上的眾生，都如佛子羅睺羅，所以佛眼就是智慧、就是慈悲。能用佛眼來觀照人間，世間人人都是佛；反之，你用仇視的眼睛看人，人人都是冤家對頭，唯有用清淨的雙眼，才能見到清淨的自性。

每個人都有一雙肉眼，但是肉眼所見有限，肉眼只識大不觀小，所以「眼根的修行」，除了要修出一雙慈悲的眼睛、智慧的眼睛以外，進而要修法眼，要能見到過去、現在、未來，且能看裡看外、看大看小，甚至要修「佛眼」，所謂「佛觀一缽水，八萬四千蟲。」不過眼根修行更重要的還是要多看自己，要檢討自己的過失；要看別人，以期見賢思齊；要看世界，以拓展自己的心胸；要看未來，以建設人間淨土。所以「眼根」的修行有四點：

第一、我們要修慈眼。

第二、我們要修慧眼。

第三、我們要修法眼。

第四、我們要修佛眼。

耳根修行

人的習氣，耳朵喜歡聽「讚美語」、「秘密語」、「是非語」、「甜言蜜語」，甚至無修養、無意義的話語；唯獨不喜歡聽「勸誡」、「忠告」的逆耳之語，這些都是不會聽話。真正會聽話的人，不但是「非禮勿聽」，而且要能善聽、諦聽、兼聽、全聽。關於耳根的修行，說明如下：

第一、要善聽：人要善於聽話，才會進步。所謂「善聽」，就是能把不好的話都聽成是好話；反之，不善聽的人，有時候好話也會聽成壞話。中國的四大菩薩，觀世音菩薩騎鰲魚、文殊菩薩騎獅子、普賢菩薩騎大象、地藏菩薩座下騎的就是叫「善聽」的白犬。會聽話的人，所謂「佛法如大海，流入阿難心」；不會聽話的人，左耳入，右耳出，把別人的話當

耳邊風，甚至「聞善言不著意」，這就是不會聽話。

第二、要諦聽：「諦聽」就是要認真聽、注意聽，不要聽錯了！有時候下屬對長官報告，長官沒有用心聽；

有時候長官吩咐部下，他只聽了前面的一句，後面沒有聽完全，這就是沒有諦聽。所以耳朵的修行要會諦聽，像《金剛經》裡釋迦牟尼佛囑咐須菩提要「諦聽！諦聽！」就是不要聽錯了。

第三、要兼聽：兼聽就是不能只聽一面之詞，要採納各方的建言，所謂「兼聽則明，偏聽則暗。」懂得兼聽的人，他能「聞一知十」；不會兼聽的人，聽了十句，他只懂得一句、兩句。所以，弘法傳教之人能兼聽，多聽別人的意見，才能觀機逗教；一般人能多聽別人之言，才能善解人意、才能融入群眾。

第四、要全聽：全聽就是不要斷章取義，對於前因後果、來龍去脈，從頭到尾，我都能聽清楚，都能了解。因為一切事必有它的前因、有它的背景、有它相關的歷史因緣。歷史，不僅記載了先人努力創業的經過，亦為後人留下了祖先永恆的智慧；透過對歷史的認識，可以找到真正屬於自己的根。所以聽話要全聽，沒有全聽，就不能完全了然。

目不能自見，鼻不能自嗅，舌不能自舐，手不能自握，唯耳能自聞其聲，因此為人應該「慎言語以養其德」，尤其應該學會聽話的藝術，這就是耳根的修行。

關於耳根的修行，有四點：

第一、要善聽。

第二、要諦聽。

第三、要兼聽。

第四、要全聽。

鼻子的修行

人的生命在呼吸間，透過鼻子的呼吸，生命才能經由一呼一吸而持續存在，如果有一天忽然一口氣不來，一期的生命就會終止，也就是一般所說的死亡。鼻子除了職司呼吸外，它的另一個功能就是能嗅香臭味，因而產生好惡分別，進而生起愛憎之心，乃至起惑造業，所以鼻子需要修行。關於鼻根的重要與修行，有四點說明：

第一、它是生命的泉源：人要呼吸才能生存，呼吸主要的器官就是口鼻，有時我們不小心感冒了，鼻涕直流，造成呼吸不順暢，人就會更不舒服。或是有的人不幸發生意外，想要探知此人是否還活著，大都會先摸摸他的鼻子，試看到底還有沒有氣息，一旦沒有了氣息，可能就是死亡了。

因為鼻子關乎我們的生死存活，所以不但在人體上佔有舉足輕重的地位，在修行上也要靠它助長生命的發展。

第二、它如香臭的探子：鼻子是一個探子，它像情報員一樣，空氣中彌漫什麼味道，不管是香、是臭，是新鮮的空氣，或是污濁不堪，乃至有毒的煤氣、瓦斯等味道，都是由它最先察覺，然後知會其他五根，進而產生好惡。一般說來，當人聞到芬芳花香，就有清淨的感覺；聞到喜歡的香味，就覺得很有氣氛。所以，佛教徒燃香供佛，在香煙繚繞、香味芬芳的環境裡，能讓我們身心自在，增加修行的效果。

第三、它做善惡的辨別：聞香逐臭是鼻子的專長，它不但和舌頭一樣，對味道特別敏感，如果不合其意的味道就會排斥、打噴嚏；反之，適合它需要的空氣，則會盡情地多吸幾口。此外，一個人的善惡好壞，鼻子也能嗅出幾分，我們有時處在一個詭譎的環境裡，面對一個不懷善意的人，空氣中自然散發出不一樣的氣氛，這時鼻子也能感覺得到。所以，菜餚的鹹淡要靠舌頭品嚐；空氣的淨穢、人格的善惡，要由鼻子來辨別。

第四、它懂人生的風味：人生充滿酸甜苦

辣、悲歡離合，這就是人生的滋味。有時候我們看到別人不幸的遭遇，自然為之鼻酸，甚至一掬同情之淚；有時候朋友歡聚的場合，總會烹調一些美味佳肴，我們也能聞香而來，同享快樂的氣氛。

所以，隨著鼻子的觸覺寬廣，我們也能感受不同的人生風味，體會各種人生百態，這也是人生的修行。

在人體六根當中，鼻子是一個很重要的器官，對人的生存和修行，都有重要的地位。鼻子的修行有四點：

第一、它是生命的泉源。

第二、它如香臭的探子。

第三、它做善惡的辨別。

第四、它懂人生的風味。

舌根修行

一個人的六根，可以說舌頭最容易造罪，因為舌頭不容易說好話，甚至不肯說真話，所謂「三寸不爛之舌」，假的可以說成真的，好的也能說成壞的。不過，若能善用舌頭，有時候「舌燦蓮花」，透過舌頭說法，這是無上的布施；或是說一些讚美、鼓勵、給人信心的好話，都能成就別人的好事，也是自己最好的修行。所以「一言以興邦，一言以喪邦」，舌頭最是需要修行，有四點提供大家參考：

第一、要能說愛語：愛語如陽光，可以把溫暖散播十方；愛語如花香，能夠把歡喜帶給眾生。平時與人相處，臉上常露笑容，口中常說愛語的人，其親切、慈悲，自然可以贏得人緣。若由個人擴而大之，讓社會上人人都能常說愛語，必能創造一個充滿愛心的世界。所以，「愛語」一句，不但給人歡喜，也是自己最簡易的修行。

第二、要能說慰言：一個人遭逢失意的時候，朋友能適時給予幾句安慰、鼓勵的話，有時勝過千金的資助。因為人在挫折、喪志，對前途感到灰心絕望的時候，最需要的是精神上的鼓舞；能夠重新燃起希望，重新建立信心，重新鼓舞勇氣，就有力量東山再起。所以，我們平時說話，要能給人信心，這是莫大的功德；反之，說話傷人，讓人喪失求生的意志，形同殺生，不可不慎。

第三、要能說善事：古人將「隱惡揚善」視為美德，今人則以「隱善揚惡」為能事。其實，中國人所謂「家醜不可外揚」，任何人都不希望自己的短處、隱私被人揭發，所以做人要將心比心。對於別人的善行好事，

我們要替他宣揚；反之，別人的缺失則應尊重當事人的隱私權。所謂「揚善如報恩」、「隱惡是修養」，一個有道德的正人君子，能夠常說好話，口宣善事，必然常保口氣芳芬。

第四、要能說佛法：《金剛經》說，三千大千世界的七寶布施，不及流通四句偈的功德，所以有謂「諸供養中，法供養第一。」物質的布施，只能救濟一時之貧；一句佛法真理，能夠讓人明理、有智慧，不但能濟今生之苦，而且生生世世受用無窮。所以，一個人若能對人傳授有用的知識、技能，甚至效法佛陀出廣長舌，宣說佛法真理，這才是最究竟的慈善，也是舌根最大的修行。

舌根的修行，就是平時說話除了不能惡口、兩舌、妄言、綺語以外，進而要說愛語、慰言、善事、佛法，讓人聽後心生歡喜、充滿信心、提升道德、開啟智慧，這就是舌根的修行。希望大家都能善護口業，好好修行，切莫造殃。有四點提供參考：

第一、要能說愛語。

第二、要能說慰言。

第三、要能說善事。

第四、要能說佛法。

身根修行

一個故事說，過去有一位老禪師在深山裡打坐修行，有一個魔王想來嚇他、破壞他的道行，因此見了禪師後，身體一變，兩隻眼睛沒有了，只剩兩個窟窿，當然很可怕！但是老禪師一點也不害怕，他說：「哦！這是什麼東西呀？怎麼沒有眼睛呢？不過也好，沒有眼睛以後就不會亂看了！」魔王發現沒有眼睛並不能嚇倒禪師，便又搖身一變，沒了耳朵！「哎呦！怎麼沒有耳朵？也好，沒有耳朵以後就不會隨便聽信讒言了！」魔王一看，嚇不倒禪師，又再一變，鼻子沒了！老禪師又說：「沒有鼻子也好，以後就不會亂聞香、聞臭了！」魔王再變，舌頭、嘴巴也沒有了！老禪師又說：「哎呦！沒有舌頭很好，以後就不會亂說話、亂罵人了！」

魔王不死心，又再一變，連身體都沒有了！老禪師說：「沒身體更好，既不會打人，也不會做壞事。」

老子說：「吾之大患，在吾有身。」身體是純大苦聚，是萬惡的淵藪；但是佛教認為，身體雖是四大假合而有，是虛妄不實的，然而吾人必須「借假」才能「修真」。所以，對於身體，我們還是要好好照顧，更要好好修行。

「身」的修行有四點：

第一、要威儀端莊：佛門非常注重威儀，所謂「三千威儀，八萬細行」，僧伽的一襲袈裟，乃至舉手投足間，都能展現威儀度眾；尤其佛陀的三十二相、八十種好，更是令人折服。平時我們要注意自己的威儀，當我們跟人見面時，外表給人留下的第一印象固然重要；尤其「誠於中，形於外」，外表威儀端莊的人，必然也有一顆真摯誠懇的心。能夠裡外一如，威儀端莊，這就是修行。

第二、要禮拜謙恭：我們平時跟人見了面，都會禮貌性的點頭招呼，尤其見到長輩或聖賢的肖像，都會禮拜，表示恭敬，這就是身體的修行。另外，佛教徒平時要禮佛、拜懺、跑香、打坐等，這主要就是身的修行。

第三、要氣質善良：人為什麼要讀書？因為讀書可以知書達禮，可以改變氣質；佛教徒為什麼要修行？也是為了淨化心靈，培養慈悲心、喜捨心、感恩心、慚愧心等。當內心有了善良的心性，自然能變化氣質，表現在外的舉手投足，乃至從面孔一看，自然會給人一種祥和、親切的感覺，這就是修行。

第四、要勤勞服務：修行不是懶惰的代名詞，不是隱遁深山、自修自了；真正的修行要在日常生活裡，從工作中發心為人服務、為人解難、為人說法。透過勤勞服務，與人廣結善緣，實踐菩薩道，這才是修行的真義。

佛經說：「人身難得今已得，佛法難聞今已聞；此身不向今生度，更待何生度此身。」我們今生有幸得生為人，應該把握難得的人身，好好修行，切莫空負此生。

身根的修行有四點：

- 第一、要威儀端莊。
- 第二、要禮拜謙恭。
- 第三、要氣質善良。
- 第四、要勤勞服務。

心的修行

佛經裡有個譬喻說：人的身體就像一座村莊，在這個村莊裡住了六個人，就是眼、耳、鼻、舌、身、心。他們猶如六個強盜土匪，日夜在我們身體的村莊裡擾亂，使我們不得安寧。而這六個盜賊平時由「心」當首腦，「心」是大元帥，統領著六根，他叫眼睛亂看、耳朵亂聽、鼻子亂嗅、舌頭亂嚐、手腳亂做。所以講到六根的修行，所謂「擒賊先擒王」，「心」的修行最為重要！有四點意見：

第一、要會思維：思想是促進人類文明的動力，人因為有思想，故能開發智慧，因而佛教講「以聞思修而入三摩地」，儒家也主張「學而時習之」、「學而不思則罔」。思想到了極致，就是開悟。當初佛陀的悟道，也是經過苦思冥想，才能悟出宇宙人生的道理，而能了然於胸。所以，我們的心平時要常思維真理，要多想好事。

第二、要具靈巧：人有好多種，有的人很笨拙，有的人很靈巧。笨拙的人不容易受人欣賞，靈巧的人到處受人喜愛。靈巧有時候是與生俱來的，有時候靠後天用心學習，也能轉笨拙為靈巧。學佛修行，首先要有一顆靈巧的心，要會變化，不要太刻板，不能太執著，才能對真理心領神會。

第三、要肯接受：人在學習的過程中，最重要的就是學習「接受」，不能接受，父母、師長傳授給你再好的道理、再好的方法、再好的東西，都不能成為你的；唯有接受，才能成為自己的資糧與養料，所以佛經裡譬喻聞法要「如器受於水」。乃至世間舉凡正當的、清淨的、善良的、真實的知識、道理、技術，都應該好好接受，自己才會不斷進步、成長。

第四、要能包容：世間是一半一半的世界，白天一半、夜晚一半，男人一半、女人一半，好的一半、壞的一半……。我們對於好的固然要接受，對於不好的也要能包容；唯有好壞都能接受、包容，才能成就全面的人生。所以，學習「包容」，就是擴大自己、昇華自己、圓滿自己。

俗語說：「澆花要澆根，修行要修心。」心修得正、修得好，自然一切皆正、一切都好，所以佛教有謂：「佛說一切法，為治一切心；若無一切心，何用一切法。」心的修行很重要，有四點：

第一、要會思維。

第二、要具靈巧。

第三、要肯接受。

第四、要能包容。

居家的修行

人都要修行，修行不是出家人的專利，在家也能修行。修行也不一定要到寺廟裡去，家庭就是道場，就是修行的好地方。

關於居家修行，有四點看法：

第一、恭敬父母，盡心孝養：敬事長上，孝養父母，這是居家的第一修行。所謂「堂前雙親你不孝，遠廟拜佛有何功？」父母是我們現世的福田，父母就如佛菩薩一樣，是我們應該恭敬的對象。一個人如果連父母都不懂得要孝順，說他能為天下眾生服務，說他能對佛菩薩恭敬，實在不免讓人質疑。

第二、恆以善法，教育眷屬：家庭裡，父母子女，兄弟姊妹，伯叔妯媳，我和這許多眷屬相處，應該要施以道德、慈悲、仁愛、因果等善法，要用這許多好的道理來教育眷屬，影響眷屬，讓大家每天都活在善法裡面，不要走岔了路，否則一失足成千恨，將來難以回頭，實在很可惜。這是居家的第二修行。

第三、愍念童僕，知其有無：有的人家裡雇有童僕，或者公司聘用職員，要懂得愛護他、照顧他，尤其要知道他的需要。有時候屬下缺少資用，生活有了困難，你能適時幫助他解決，他就能一心一意的為你服務；如果你不能善體他的需要，不能解決他的問題，雖然他的人在你身邊服務，心沒有跟隨你，這就是失敗的領導人。所以，愍念童僕，知其有無，這也是修行。

第四、近善知識，遠離惡人：我們在日常生活裡，要親近善知識，善知識就是我們的良師益友。所謂「近朱者赤，近墨者黑。」在我們的人生旅途裡，有了善知識的扶持，才能免於走上歧途。甚至我們不僅要親近善知識，遠離惡友；進而能成為別人的善知識，勸善規過，這是居家的第四修行。

「佛法在世間，不離世間解。」真正的修行，要從生活中去體證、落實，所以關於居家的修行有四點：

第一、恭敬父母，盡心孝養。

第二、恆以善法，教育眷屬。

第三、愍念童僕，知其有無。

第四、近善知識，遠離惡人。

修行在人間

一般人談到修行，總有一個錯誤的觀念，認為修行若不是在佛堂裡誦經拜佛，就是到深山裡遺世獨立，不食人間煙火，這就叫做修行。其實六祖大師說：「佛法在世間，不離世間覺；離世求菩提，猶如覓兔角。」真正的修行，要從生活的做人處事做起，你能待人慈悲，就是修行；你能負起應負的責任，就是修行；你的言行舉止安詳從容，與人和樂相處，也是修行。修行不是口號，不是儀式，而是從身心行儀裡流露出來的道德、涵養，這才是真修行，所以離開生活，離開人間，別無修行可言。

至於如何在人間修行？有以下四點意見：

第一、學習愛語：俗語說：「好話不怕千回說。」一個人要做人成功，愛語要說得多；工作要做得成，愛語也不能少；凡是所行所做，對待朋友，都要有愛語。世間上沒有人不喜歡聽好話，一個人常常說好話，你就會變成好人，你的事就會變成好事，當然別人也歡喜你這個好人好事。所以平時要多說愛語，多說讚美的話、尊重的話、成就別人的話，這些都是多多益善。甚至有時說一些不切實的讚美來替他人戴高帽子，也未嘗不是一種美德。

第二、學習關懷：對人有了愛語，還要有切實的行動，用真心去關懷別人。比方說，力量不足的人，給他一些助力；財力貧乏的人，給他一些布施；學問不夠的人，傳授他一點知識；技藝不精的人，教導他一些技能。懂得關懷別人，這就是慈悲，就是修行。

第三、學習應對：一個人即使學富五車，不懂得應對，總是愚人。平時待人處事，舉止進退，都要懂得分寸。當人家待我一分好，我要加倍對他；別人跟我說一句話，我要回應他兩句；別人給我一個微笑，我要報以二次、三次的微笑。一個懂得應對的人，人際關係必然和諧。

第四、學習忍耐：在生活、工作裡，最大的力量就是忍耐。忍耐可以激發心中的力量，有力量自然就不會煩惱、不會動心、不會起瞋，且能愈挫愈勇，忍到最後就有智慧看世間萬象，這就是最大的修行。

所以，如何在人間修行？有以下四點看法：

- 第一、學習愛語。
- 第二、學習關懷。
- 第三、學習應對。
- 第四、學習忍耐。

共修共學

修行和學習，是每個人一生的功課。有的時候我們需要自修、自學，有的時候也需要共修、共學。自修、自學就是我有自己的課程安排，我有自己的學習方式，這是屬於我自己個人的密行，我可以自由調配時間，自己安排內容。共修、共學就是跟大家一起學習，配合大眾的時間一起切磋勉勵。關於共修共學，有四點意見：

第一、有個人，更要有大眾：人，不能離群獨居，不能孤芳自賞，雖然每個人每一天都應該有自己獨處的時間，但更多的時間要和群眾在一起。尤其在學習修行上，不能閉門造車，不要自修自了，而要走入群眾，與人互動，所以佛門有所謂的共修、參訪等活動，也就是要去和合群眾，要與大眾融和在一起。

第二、有分工，更要有團結：所謂「分工」，就是分層負責，各自承擔自己應負的責任。但是個人承擔，有時候還需要大眾的幫助，所以分工之餘，還要懂得合作。能夠「分工」而又「團結」合作；有分有合，能合能分，才能發揮群策群力，達到集體創作的效果，完成更大的任務。就如寺院道場，平時也要和其他的友寺往來、聯誼，彼此互相觀摩、學習；個人的修行學習，也要有很多的道友、同參一起切磋琢磨，所以有分工也要有團結。

第三、有人情，更要有公德：人生處事，離不開情、理、法，有時候在不影響大眾權益的情況下，固然可以有自己的思想、自己的性格、自己的需要，甚至有時候不能不做個順水人情。但是所謂「寧教老僧墮地獄，不拿佛法做人情」。在佛法真理之前，甚至在公理正義之前，也要有道德勇氣，要顧及大眾的需要，要有公共的道德，要有公共的服務，要有公共的來往，如此在修學的路上才能更有成就。

第四、有內修，更要有外緣：有的人光是自己修行，平時不肯跟人結緣，如此即使自己修得再好，果真能夠放下萬緣，真能修得與世無爭，甚至無欲無求；但是因為缺乏外緣，到處不受人歡迎，不受人歡喜，也不名為修行。所謂「未成佛道，先結人緣」。做人不是光靠一個人就能存在，所以修行和做人都要培養很多的因緣，有了因緣，個人才能存在。

人難免有惰性，透過共修、共學，可以藉助大眾的力量，督促自己用功，借助外緣的砥礪而不致懈怠。共修、共學的好處，就像一根木材燒出來的火，火光很有限；結合很多的木材，就能燒出熊熊的火焰，熱力就大

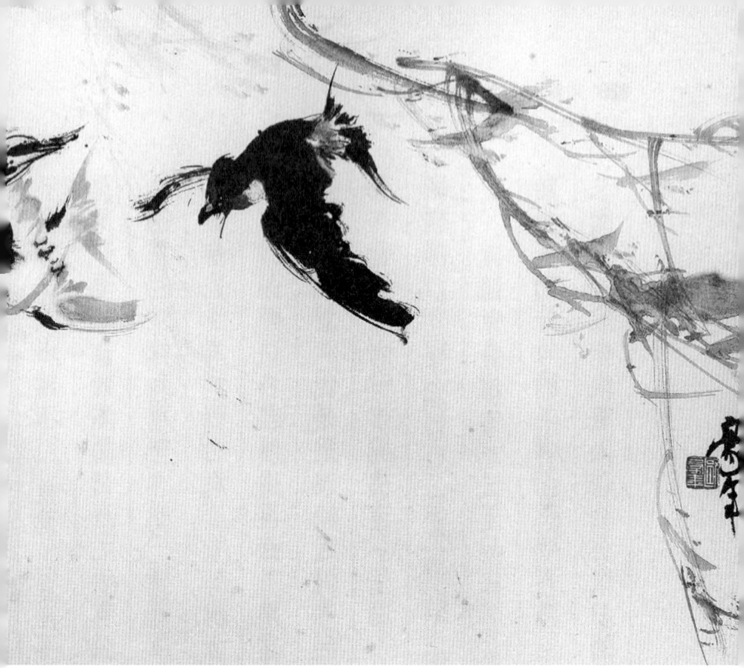

了。又如一個手指頭打人，沒有力量，五個手指頭合起來成為一個拳頭就有力量，所以共修共學在我們學道的過程中，有時也是很重要的。

關於如何共修共學，有四點意見：

第一、有個人，更要有大眾。

第二、有分工，更要有團結。

第三、有人情，更要有公德。

第四、有內修，更要有外緣。

六種修行

修行的方法很多，但不外要在舉心動念和言語行為之中去做功夫。以下六種方法，提供參考。

第一、面孔要有表情，要有微笑：微笑，是最美的色彩；有了表情，人間就會變得多采多姿，生命也會變得朝氣蓬勃。無論男女老少，一個微笑的表情，就像盛開的花朵，它能使頹唐的人得到鼓勵，使煩惱的人得到解脫，使疲勞的人得到安適，使悲傷的人得到安慰。

第二、眼睛要有慈悲，要有關懷：善目可以鼓勵別人，你看，講演者需要聆聽者專注的眼神，表演者需要觀賞者肯定的眼神。觀世音菩薩因為「慈眼視眾生」，給人護念，給人救苦，所以能為眾生做慈航。

第三、口中要有好話，要有讚美：口，是修行最好的方便，但也是最難修行的關口。不懂得說話的藝術，容易禍從口出，招怨惹嫌；會說愛語的人，能以好話給人讚歎、給人信心、給人歡喜，所以到處廣結善緣。

第四、耳朵要有善聽，要有分辨：有的人會聽話，善解人意；有的人不會聽話，誤解人意。所以佛教裡有謂「善聽」、「諦聽」、「兼聽」、「全聽」。聽話，要能聽得出人家的話中之意，要懂得思考分辨，尤其要不聽是非而聽實話。

第五、手腳要有服務，要有助人：吾人的手腳，要用來為人服務。例如，人不識路，你為他指一下方向；走路不方便的人，你能攙扶他一下。能用手腳為人服務，才能發揮手腳的功用。

第六、心裡要有祝福，要有尊重：我們有時發心布施，或捐助金錢，或贈以物資，其實都還是有限的，心香一瓣，才更可貴。世間上，有形有相的東西總會「無常」；無形的祝福，才是無限無量。

修行離不開行住坐臥，生活中掌握這六種原則，面帶微笑，慈眼視人，口說好話，善聽分辨，為人服務，心常祝福，不僅為世間留下善用，也是最簡便、最具體的修行道場。

- 第一、面孔要有表情，要有微笑。
- 第二、眼睛要有慈悲，要有關懷。
- 第三、口中要有好話，要有讚美。
- 第四、耳朵要有善聽，要有分辨。
- 第五、手腳要有服務，要有助人。
- 第六、心裡要有祝福，要有尊重。

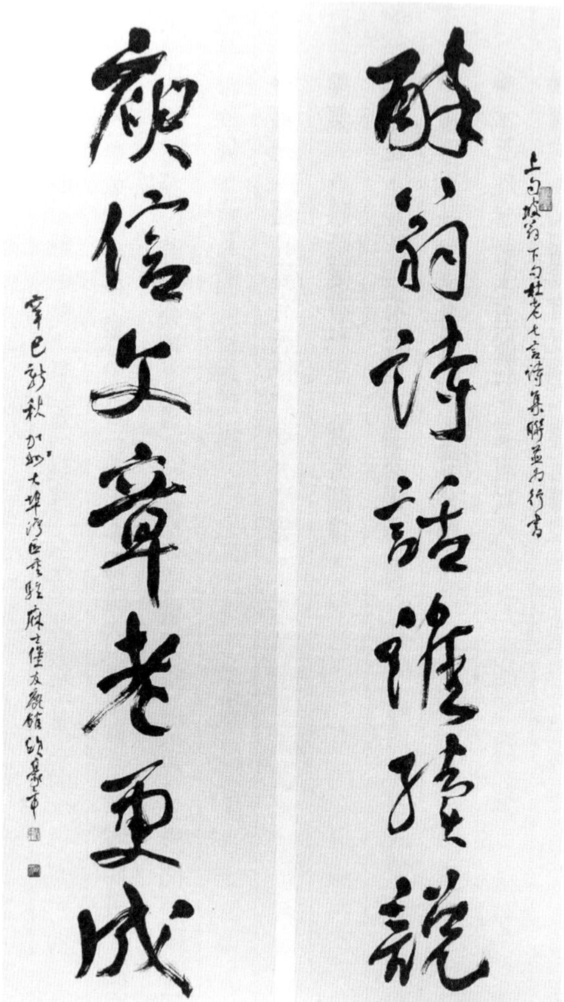
醉翁詩話誰饒說
庾信文章老更成

「無」的修行

世間上的人總是在「有」上求，有車、有子、有錢、有名等，其實「有」還是有限、有量、有窮、有盡。佛法教我們從另外一個「無」上去思考，你「無」欲則能剛強，你「心無罣礙，無罣礙故，無有恐怖」，就能「遠離顛倒夢想，究竟涅槃」。「無」不是沒有，「無」是無限量、無窮盡。那麼，我們怎樣有一個「無」的生活呢？有四個修行方法：

第一、諸惡無染：「染」有漸進的力量，不容易使人察覺，因此，對於一切的惡習、惡念、惡事、惡友，我們不要去沾染，一旦沾染，就不容易捨離。所謂「禍福無門，唯人自招」，只要為人正派，不該做的事情，不要去做，自然不會招惹無謂的麻煩。

第二、諸行無私：孔子說：「天無私覆，地無私載，日月無私照」。天地無私，所以成其大；日月無私，所以能遍照。人生假如想要有一番作為，你凡事只想到自己，只有招致自私的結果，沒有人緣、沒人幫忙，勢單力薄，難以成事。反之，若是心念作為皆能為大眾設想，自然會有大眾的因緣共同來成就，結果必定會更好。

第三、諸心無住：倘若我們平常的舉心動念都住在五欲六塵裡，念念在金錢上，念念在愛情上，念念在名位上，必然患得患失，不得安寧。《金剛經》說：「應無所住，而生其心。」心無所住，就能無所不住，「猶如木人看花鳥，何妨萬物假圍繞」，如虛空一般，生命必然擴大無比。

第四、諸情無執：一般人與人互動付出時，總希望能獲得對方同等份量的回報，用情愈深，期待愈大，如果沒有符合自己所預期，煩惱也就越多。佛教則主張用理智淨化感情，用慈悲昇華感情。你的感情昇華了，你不執著，就不會有情執。古人有謂「情到濃時反為薄，情到深處無怨尤」；佛門也說「莫嫌佛門茶飯淡，僧情不比俗情濃」；你沒有執著，看起來好像無情，其實平平淡淡最是真，平平常常最永恆，其中蘊含無限慈悲，無限智慧。

「無」是佛教修行的最高境界，吾人薄地凡夫雖尚未能體證，至少在日常生活中，應該努力做到四種「無」。

第一、諸惡無染。

第二、諸行無私。

第三、諸心無住。

第四、諸情無執。

真修行

有的人把佛法研究得很透徹，有的人講經講得很精湛，有的人禪坐的工夫非常深，有的人念佛念得很迫切。什麼是真修行？修行不一定意指出家人或宗教家的行持，其實任何一個人都應該要有修養，有修養就是有修行。現在有四點修行的意義，提供大家參考：

第一、在受苦時處之泰然：世間什麼最苦？生不得志，攻苦食淡；貧賤患難，人情最假。不管什麼苦，都不如佛教的「八萬四千苦」，一語道盡「苦」為世間之實相。古人說「道在苦中磨」、「知苦方有道」，在在說明真修行在受苦受難的時候，仍然感到泰然，仍然感到自在。佛弟子頭陀第一的大迦葉尊者，著糞掃衣，宿居塚間，食腐敗汁，遭受外道陷害，

身處危難，但是他的內心安然，不以為苦，甘之如飴，所以這是真修行。

第二、在委屈時忍耐放下：一個人最難忍耐的就是自己受到委屈，覺得不公平，不合理。假如在這個時候，不計較、不比較，就是一個有修養的人。比方，被人誤解時，能不急於為自己解釋辯駁；或者當別人出語不遜時，心裡能夠忍耐承受，以平等、放下的心來處事，修行就能見真章。

第三、在忙碌時氣定神閒：有些人覺得要到深山裡去苦思冥想，或是眼觀鼻、鼻觀心的自我獨居才是修行。其實，真正考驗一個人的修養，是在忙碌時。假如你平時修養很好，在忙碌時就不會心煩意亂、手足無措。如果生氣發怒，那就表示功力還不到家。一個人在忙碌時，仍然能夠氣定神閒、井然有序，才是真修行。

第四、在受辱時心懷慈悲：我們在受到利益、順境、好處時，心裡感到很安樂，就能以慈悲心待人；反之，在受到他人侮辱時，還能不計較，可憐對方的無知，以慈悲的心量來原諒他，這個就是真修行。佛弟子舍利弗遭人毀謗污辱，但是他的心中毫無一絲怨恨，反而躬身反省，把吃的東西吐出來，以表示清白，他的心猶如大地，能容納清淨之物，亦可堪載污穢屎尿，同時以慈悲心對待毀謗的人。舍利弗是真修行的榜樣。

所以什麼是真修行？主要是對你的身心有所幫助，能在你的心理上，改變一些觀念，那就是修行。真修行有四點：

- 第一、在受苦時處之泰然。
- 第二、在委屈時忍耐放下。
- 第三、在忙碌時氣定神閒。
- 第四、在受辱時心懷慈悲。

修行戰略

世間最困難的戰爭，不是百萬雄兵對峙，也不在於敵我陣勢相當，而在於內心的佛魔之戰。《四十二章經》形容，修行者好比披甲上陣與百萬煩惱魔軍作戰的勇士，心性怯弱的人，大多半途而廢，只有堅持願力者，能夠達到最後的勝利。那麼修行要有幾種「戰略」呢？

第一、以正見持戒為盔甲：有形的盔甲可以抵禦強敵，保衛自身，而正見的盔甲可以抵擋誘惑，遠離貪瞋癡三毒。因此，首先要建立「正見」，才能走上正道；有了正確的人生觀，還要持戒力行，才能圓滿生命。

第二、以智慧方便為刀劍：經典說：「以智慧劍，斬煩惱賊，破生死軍，摧伏魔怨，荷負一切，令諸眾生皆得解脫。」智慧第一的文殊菩薩，手持寶劍，就是象徵以智慧劍，斬斷煩惱魔軍。有了智慧，加上自利利他的方便法，可以捨棄自私小我，進而成就無私大我的生命。

第三、以精進勇猛為力量：世間舉凡艱巨的工作，都由勇猛堅持而完成，光明燦爛的前途，也無不由精進不懈而圓滿。因為精進的力量，可以解開心中的纏結，勇猛的力量，能夠驅策前進，不生畏退。如此必能克服困難，成就功業。

第四、以慈忍大願為戰術：慈，可以對治瞋恚，能化解內心無明怨懟；忍，具足大勇大力，能成就世間一切功德。如《忍辱經》所說：「懷忍行慈，世世無怨，中心恬然，終無毒害。」再以願心做目標，如此可以增加內心的力量，降伏煩惱。

第五、以戒定慧學為統帥：戒如清水，能洗滌我們心地的污垢；定如

瓔珞，能莊嚴我們的身心；慧如明燈，能照亮我們的前程。以戒定慧三學做為我們與煩惱戰鬥的統帥，可以降魔，可以獲得無量的法財。

第六、以八種正道為大軍：八正道是離苦得樂之道，也是轉凡成聖的途徑。正

見因緣果報、善惡業力、無常苦空；正思喜捨、慈愛、巧慧、結緣，正語誠實、柔軟、愛語、善言，正業是護生不殺生、布施不貪取、持戒不邪淫，正命是從事合理的經濟生活，正精進增長悲智，斷除貪瞋，以正念做為安住

身心之處，以正定開啟般若智慧。這些都是吾人防守六賊的堅固城牆，也是戰勝煩惱魔軍的勇猛大軍。

人生存在世間，就必須要有強盛的鬥志，勇於向自心的無明、懈怠、執著挑戰，來提升心靈的境界，讓每一天的生命都有新的進步成長，這才是人生的最高價值。以上這六點，是重要的修行戰略方法。

第一、以正見持戒為盔甲。

第二、以智慧方便為刀劍。

第三、以精進勇猛為力量。

第四、以慈忍大願為戰術。

第五、以戒定慧學為統帥。

第六、以八種正道為大軍。

處世哲學

人在世間上生活，總要與人相處，都要和人共事。如何相處共事，每個人都有各自的一套方法應付，這就是處世的哲學。關於「處世哲學」，四點意見提供：

第一、不說人非，是厚道：世間上最可怕的就是「是非」，是非無有定論，但殺傷力卻其大無比。有的人被是非所困，終日擾攘不得安寧；有的人給是非陷害，喪失了本有的成就。所以我們不說別人的是非，就是厚道。而當自己面對是非時，要緊的是不聽是非、不傳是非、不怕是非。當一個人人情參不透、是非辨不清時，就會起無明，所以批評別人的話當於人前說，自然可免是非。

第二、不辯己是，是高見：人際相處，有時候難免會被別人錯怪、誤會，有的人急於保護自己，就百般辯白。其實真正高明的人，不必為自己辯解，那怕是自己沒有錯，不過你能自我反省，自我認錯，並不會蝕本，反而增長陰德。所以有時候不要太計較自己的得失，人家的一言一語不要太在意，因為「毀謗」打倒不了一個有志氣的人，除非自己本身不健全、沒有實力，因此面對毀謗最好的方法就是不去辯白，不辯己是才是高見。

第三、揚人善事，是結緣：佛教講「未成佛道，先結人緣」，心存歡喜、恭敬、祝福的心，就是一種結緣的心，尤其給人好因好緣，就是最好的供養。有時候背後說人家的一句好話，稱揚別人的一件善行，就是幫他鋪路，給他一些方便，這就是最好的結緣。能夠常常不吝揚人善事、稱人美德，結緣多了，自己也會得到很多的方便。

第四、隱人往惡，是修德：古德云：「休將自己心田昧，莫把他人過失揚；謹慎應酬無懊惱，耐煩做事好商量。」中國人過去總把「隱惡揚善」視為做人應有的美德，

但今人往往「隱善揚惡」，並且儘可能以揭發別人的隱私為能事。其實做人要將心比心，自己的過往又何嘗願意讓別人當成話題談論，既然己所不欲，豈可加諸他人？因此懂得隱人往惡，必是有德之人。

處世的哲學當然很多，只是一個人只要能夠做到「不說人非、不辯己是」，進而「揚人善事、隱人往惡」，必能廣結善緣，積聚功德，如此人生的旅途必然走得更平順，而不致於感嘆世道坎坷，人間路難行。所以處世的哲學有四點：

第一、不說人非，是厚道。

第二、不辯己是，是高見。

第三、揚人善事，是結緣。

第四、隱人往惡，是修德。

如何修持正法

什麼是正法？我們要如何修持正法？人與人之間有人道，人道就是正法。世上的忠孝、慈悲、信義，這些倫理道德都是正法。我們想在社會上求財，不能用邪法、外道，要用求財正法。此外，在感情上、人情上，不論什麼道，也都有其正法。應如何求得正法呢？在《正行經》裡提到四點：

第一、精進聽聞正法：修持正法的首要態度，就是以一顆精進的心，多聞薰習，如此才會對正知、正見有所了解。聽聞能知道理，聽聞能知意義，最重要的是，聽聞會增加自己的信念。所以許多人在聽聞正法，追求正當的宗教信仰時，會感到正法之味，如飲甘露，會勤求正法而不覺得疲厭，因為在樂法裡，會獲得更多的法喜。

第二、精進護持正法：《梵網經》說：「聞一言謗佛音聲，如三百矛刺心。」正法就是世間上的正義、世間上的公理。對於正法，我們必須努力不懈的護持。在佛教裡，我們常用「護法」來稱讚正信的佛弟子；一位充滿熱忱的護法者，還會為信仰、真理而犧牲奉獻呢。

第三、精進演說正法：為使正法利益眾生，我們必須時時宣揚和解說正法。《金剛經》說：「若有人講說四句偈，勝過三千大千世界七寶的布施。」意思是廣為眾生演說正法，令人深信因果，止惡向善，散播菩提種子，社會必定美好，這種功德是勝過布施物質的功德。

第四、精進修行正法：任何艱巨的工作，無不是勇猛堅持才能完成；光明燦爛的前途，無不由精進不懈而得圓滿。精進的力量，能使人驅策前

進，不生畏怯，自然能克服困難，道業增長。修行人要透過實修，方能體證、覺悟，圓滿自己。若不精進修行，則如金礦未經開採，終不能得。

諸佛皆是修行在人間，成佛在人間，唯有聽聞正法，護持正法，並且演說正法，修行正法，在浩瀚的宇宙中，發揮正知正覺的力量，才能成就佛道，為個人及大眾留下善美深遠的影響。

- 第一、精進聽聞正法。
- 第二、精進護持正法。
- 第三、精進演說正法。
- 第四、精進修行正法。

如何修身

一個人，之所以要修身，是為了要健全自己；自己健全了，對於家庭、社會、朋友、事業，都有幫助。修身，才能知道如何與人往來。我們要如何修身呢？有四點意見：

第一、居家要儉：一個人如果貪慕榮華，只圖享樂，必然助長惡行，有時更因此而招致家敗身喪。如李商隱說：「歷覽前賢國與家，成由勤儉敗由奢」。節儉並不是慳吝、一毛不拔，而是實不虛華，食不求精，衣不求美，飽暖則足。司馬光說：「由儉入奢易，由奢入儉難」，養成了奢華無度的習慣，再富有的家庭終必淪為貧乏；反之，如果能謹身節用，一粥一飯不奢靡浪費，自必因此而有所積蓄，甚至轉貧為富，所以，居家要儉。

第二、創業要勤：這是一個物競天擇的社會，「適者生存」是必然的定律。一個人要想成功立業，不是靠家人的聲望，也不是取決於出身的高低，而是端看自己的勤勞與努力。語云：「勤有功，戲無益」，勤才能改變你的人生，即所謂「勤能補拙」。一個出身貧窮的人，只要能勤勞，必能轉窮為富，如香港塑膠花大王李嘉誠、日本汽車王國豐田佐吉，不都是以勤勞的汗水，創造出成功之路的嗎？所以勤勞是創業之道。

第三、待人要謙：人際間的相處，有一個重要的秘訣，那就是謙虛。一個人的學識再好，如果高傲不知謙虛，難受主管的青睞；一個人的容貌再美，如果自負不知含蓄，難受他人的讚美；一個人的能力再強，如果不懂得忍讓，難得他人的友誼。曾國藩說：「謙，則不招人忌；恭，則不招人侮。」所以謙虛和睦，才能獲得人緣；謙恭有禮，才能受人尊敬，所以「謙」是待人之道。

第四、處事要和：「和氣迎人，則乖滅」。瞋怒，不但有害人體的健康，還常使小過變成大過、有理變成無理，甚至做出不當的抉擇，因此在待人處事上，要能心平氣和。心平氣和能讓頭腦冷靜，心平氣和才不失方寸，心平氣和才能制剛躁之氣。古人云：「心平氣和，而後足以平不平以致乎平，大事化為小事，小事化為無事」。所以，「和」是處事之道。

人與人相處，不知道自己的缺失是一件很危險的事，故凡事不要總是指責別人的不對、不是、不好或不應該。須知在世間法上，往往是對外容易對內難、修身容易修心難、做事容易做人難、讀書容易明理難。

關於「如何修身」，有四點意見：

第一、居家要儉。

第二、創業要勤。

第三、待人要謙。

第四、處事要和。

修身的準則

儒家說：「修身、齊家、治國、平天下」。家的根本在個人，個人修身後，有了高尚的修養，才能齊家，家齊後才能治國、平天下。佛教亦云：「仰止唯佛陀，完成在人格」。學習佛陀的精神，要能克己復禮，道德自律，才能開發光明的智慧。由此可知，世間上不管那一種宗教，都非常重視修身之道，因為修身才能去蕪存菁，修身才有光明磊落的胸懷，以及擇善而行的節操。歷代賢者，能為眾人表率，皆從自我修身做起。

以下有四點「修身應有的準則」，提供參考：

第一、修身要能有高雅的氣質：金錢可以買到華麗的衣服、可以買高級的化妝品，但是買不到氣質，人的氣質是由修身而得。《大學》云：

「欲修其身，必先正其心。」正心，則能克制自己的妄心、約束自己的行為，並且以禮來涵養性情，就如孔子所說，凡是不合禮者，不看、不聽、不說、不做，如此必能儀容端莊，風度良好，且能具有高雅的氣質。

第二、修身要能有莊重的風度：一個人，日常的言行舉止是否篤敬謹慎，為人處事是否圓滿無憾，就在他平日對自我修身的要求。孔子曰：「誠於中，形於外」，一個有涵養、有風度的人，其所顯現出來的氣質，必然具有雍容莊重的風度，如三國時，諸葛亮的「喜不大笑，怒不暴跳，哀不嚎哭，樂不輕佻」，這就是賢能之人的莊重氣度。

第三、修身要能有親和的舉止：現今的社會，無論是學者、商賈或是政治人物，如果要能受到別人的愛戴，一定要具有「居上不驕，居下不卑」的親和舉止，因為不驕不媚的親和行為，才能拉進人我的距離，更是獲得人緣、建立良好人際關係的方法。親和的行為不但是修身的方法，也是待人處世的原則。

第四、修身要能有中道的觀念：人們在立身處事時，要能有不偏不執、不卑不亢的態度，要能有清淨淡泊、樂觀積極的心態，不受人我是非所擾、不受世間利誘所迷。如《論語》所說「君子惠而不費，勞而不怨，欲而不貪，泰而不驕，威而不猛。」如此則能從容處事，態度才能安詳。

語云：「求助不如結緣，求福不如修身。」修身的準則有四點：

第一、修身要能有高雅的氣質。

第二、修身要能有莊重的風度。

第三、修身要能有親和的舉止。

第四、修身要能有中道的觀念。

行事的要領

人，要在世間上生存，一定要做事，做事要懂得掌握做事的要領，才能事半功倍。朱浮言：「智者順時而謀，愚者逆理而動。」做一件事如果不懂得要領與步驟、沒有與時俱進的眼光與智慧，不但花費時間、金錢，更達不到預期的效果，所以現代的企業非常講究管理學，以及行事的要領。

什麼是「行事的要領」呢？有四點：

第一、有智更要有慈：古德云：「人用剛，吾以柔勝之；人用術，吾以誠感之；人使氣，吾以理屈之；天下無難之事矣！」行事要有跳「探戈」的智慧，才能達到目的又不會傷人。除此之外，還要有慈悲心，有慈悲的人，才能為別人著想，才能體諒別人，才能愛護他人。歌德說：「仁慈是一條將社會連貫起來的金鍊」。所以，行事要有智更要有慈。

第二、有勇更要有巧：處事要有勇敢進取的心，才不會因循守舊、躊躇不前。拿破崙說：「絕對沒有不因勇敢的希求成功，而能取得成功者。」所以，行事要先有「必勝」的決心，然後才有成功的希望。此外，還要有巧慧，如果光有「勇」，而沒有「巧」，只能稱之為「莽」。如三國時代的張飛，雖然很勇敢、很有膽識，終因沒有巧智而失敗。所以，行事要有勇更要有巧。

第三、有錢更要有德：有的人以為做人、做事只要有錢，就能萬事亨通。所謂「有錢能通神」、「有錢能使鬼推磨」；但是有錢不一定買得到健康，有錢也買不到壽命，更買不到別人對你的尊敬，所以金錢不是萬能

的。我要如何讓別人心悅誠服的與我來往？培根說：「沒有比良好的品德與態度更受人歡迎。」由此可知，一個人要有高尚的品德，才能擄獲人心。所以，行事要有錢更要有德。

第四、有口

更要有心：行事不可以光是嘴巴說說，而不兑現。孟子說：「人之易其言也，無責耳矣！」隨意開空頭支票的人，是沒有責任心、沒有信用的人，這樣的人會讓人不敢與他深交，更不敢與他有生意上的往來。因此《論語》說：「言必信」、「言忠信」，都是說明做人要言出必行，才能讓人信任。所以，行事要有口更要有心。

做事要有要領，懂得行事要領的人，必然也是個懂得做人的人。「行事的要領」有四點：

第一、有智更要有慈。

第二、有勇更要有巧。

第三、有錢更要有德。

第四、有口更要有心。

生活修行四句偈

無論那一種宗教，都是講究自我的修行。好比衣服破了要補一補，東西壞了要修一修，人也會有行為不正、說話不正，乃至念頭不正的時候，這時也要修正，這就是修行。人的起心動念、言行舉止離不開生活，因此修行也是不離生活，以下舉出四點，可以做為生活修行依循的方向：

第一、涵養怒中氣：對一般人來說，對於忍苦、忍窮、忍飢、忍餓、忍冷、忍熱大都還能忍耐，但在做人處世上的委屈、不平、惱怒要去忍恨、忍怒、忍氣，就不容易了。尤其一口氣你忍得下去，這是很大的修行，也需要很大的力量。能以「養氣」代替「怨氣」，「和氣」代替「意氣」，這就是「涵養怒中氣」的功夫了。

第二、謹防順口言：想要修行，修口是一大法門。話，不能隨便出口，尤其是順口語，無論是憤怒的時候，或是高興的時候，越是要克制自己。生氣憤怒時，容易口出惡言，一句話傷害到人，再也收不回來；過度高興時，容易忘形，隨意的就許下承諾，洩露秘密，甚至說出不該說的話。因此，說話要三思，不可隨意順口而說。

第三、當心忙裡錯：有時候太匆忙，容易忙裡有錯。有一位媳婦，半夜接到母親病危的消息，連忙抱起床上的孩子就往娘家跑。走過田梗，慌亂的腳步讓她跌了一跤，幸好孩子沒有哭泣，抱起來又忙趕路。到了娘家一看，手中竟然抱著一顆冬瓜。她急著返回田裡，沒有看到孩子，只有一顆枕頭。當她哭哭啼啼回到家裡時，原來孩子還在家裡睡覺呢。愈是忙的時候，愈是要仔細用心；愈是忙的時候，愈是要謹慎小心。

第四、愛惜有時錢：國際知名企業家張姚宏影女士發心建寺辦學，利益眾生。問她為什麼？她說：「現在不做，等到將來我沒有錢的時候，會懊悔的啊！」是的，正當有錢的時候不做，等到錢去了再想做時，也沒有機會了，所以有一句話說：「常將有日思無日，莫待無時思有時。」推而廣之，凡事都應及時，當年壯力強時，應以體力報答人間；當腦力尚佳時，應以智慧貢獻人類；當有一片誠心因緣時，以心香一瓣，將好因好緣的生命，回饋社會十方。如何修行？「生活修行四句偈」，是很好的方法。

- 第一、涵養怒中氣。
- 第二、謹防順口言。
- 第三、當心忙裡錯。
- 第四、愛惜有時錢。

開始

人的一切行為造作之始，都是來於心中的想法，因此心中的每個念頭，是決定你上天堂或下地獄的開始；心中的每個念頭，就是造成佛境與魔界的結果。魏徵在《諫太宗十思疏》中提到：「恐懈怠則思慎始而敬終，慮壅蔽則思虛心以納下，想讒邪則思正身以黜惡」。所以，每個人都應該要慎始；開始的好壞、正邪，就是決定未來失敗、成功的轉軸。以下以四個「開始」來說明其重要性：

第一、崇山峻嶺始於土丘：重重疊疊的山巒，不必然本來就是崇山峻嶺，它可能是由滄海變為桑田，再變化成土丘，慢慢又演變而為層巒疊嶂的峻嶺。人的惡行往往也是由小而大，一個惡貫滿盈的人，常常是起自最

初的歹念，所以人應該慎防開始的一念。劉備說：「勿以善小而不為，勿以惡小而為之。」經常自省，自能讓惡念不積，如此才不會自我毀滅。

第二、汪洋大海始於細流：《法句經》說：「水滴雖微，漸盈大器。」小小的細流，日積月累，可能匯聚成長江黃河，成為汪洋大海，所以細流不容藐視。西晉文學家陸機說：「遠績不辭小，立德不在大。」小小的善行，可以救人一命；小小的結緣，可能改變人的一生，所以一點一滴的小善行，就是積聚鉅萬的善功德。

第三、千年萬劫始於彈指：一千年、一萬劫，看似好長好長的時間，但是這麼長的時間，也是從一剎那、一彈指，慢慢聚集而成；同樣的，成功的企業家、創意的設計師、筆補造化的作家，乃至於社會上有名氣、有地位的人，其智慧、創意、技巧、經驗，都是經過歲月的累積、時間的醞釀、生活的體驗而來的，世間萬物不能無中生有，所以，成功是經過學習的過程與時間的磨練。

第四、永恆成道始於信念：所有證悟者，或是社會上的成功者，都是來至於對真理的內涵不起疑慮，對於所學的技能不怯退，對於自己所建立的目標有正確的信念，如此才能有所成就。《華嚴經》說：信念與信心可以增長智慧，有了信就可以到達如來的境地；《大智度論》也說：信，就像人的手一樣，一個人到了寶山，有手就可以自由的取寶，如果沒有手就不能取拿。所以，「信」是學習上、修道上的根本。

俗語說：「好的開始，是成功的一半」，開始的方向正確了，才能到達目的地；開始的心念正確了，行為才能無誤。所以凡事的起始是很重要的，我們不能不注意。「開始」的重要，有四點說明：

第一、崇山峻嶺始於土丘。

第二、汪洋大海始於細流。

第三、千年萬劫始於彈指。

第四、永恆成道始於信念。

卷二 修行之道

修行並不是表相上的苦樂榮衰，
而是在真參實學中，顯發自性的光芒；
在志行堅固中，流露悲願的力量。

處人之道

處人是一門很大的學問，處人不可太任己意，應洞悉人之常情。人都有希望被尊重、被了解、被讚美、被接受的天性，所以《佛光菜根譚》說：能以和藹之容見人者，必得人和；能以謙沖之氣處人者，必得人尊；能以恭敬之心待人者，必得人敬；能以讚美之言和人者，必得人緣。此外，關於「處人之道」，有四點意見：

第一、以溫柔對待倔強：人有多種性格，有的人謙卑柔和，有的人狂妄剛強。宋朝克勤禪師說：「人大凡為善知識，應當慈悲柔和，善順接物，以平等無諍自處。」柔和是處事的良方，柔和能消滅瞋怒的烈火，當與人相處，有時對方很剛強，如果我也跟他強硬，就等於半斤八兩；最好能以柔克剛，也就是：你對我無禮，我對你恭敬；你對我驕傲，我對你謙虛，此所謂柔能克剛也。「牙齒以堅硬易毀，故至人貴柔。」常以柔軟溝通彼此，必能相融無礙。

第二、以寬容對待苛刻：《佛光菜根譚》說：「居心寬大，條條大道；待人刻薄，處處荊棘。」有的人生性尖銳，待人苛刻，凡事計較，絲毫不肯吃虧。面對這樣的家人、朋友、同事，最好的辦法就是以寬厚的心體諒他、包容

他，因為寬容別人是和睦之道，寬容可以絕恩怨。所謂「做事要專，做人要寬。」能夠用寬容的鑰匙，打開褊狹的心扉，把身心安住在體諒上，世界會更寬廣。

第三、以熱情對待冷酷：現在是個重視色彩、聲音的時代，人也要有表情、有聲音、有動作，要像太陽一樣散發光和熱，帶給人溫暖。所以平時對人要面帶微笑，口中要常說愛語，尤其面對一些冷漠無情的人，更要展現陽光般的熱情，去融化那冰雪般的冷酷。所謂「一心的專注可以開發潛能，一腔的熱情可以化解冷漠。」一個能在大眾中發揮熱力的人，是最有智慧的人。

第四、以慈悲對待瞋厭：經云：「瞋是心中火，能燒功德林。」瞋心一起，可以障蔽一個人的理智，如同烏雲掩蓋明月，又像野火，可以燒盡林木。瞋恚能壞人善事，能破壞感情，能引發禍患，能盡焚功德，因此學道之人先須戒瞋，瞋心未斷道休論。一個人瞋心太大，動不動就生氣，動不動就討厭這個、討厭那個，自然容易樹敵。

對於瞋心重的人，唯有用慈悲、忍耐來攝受他，慈悲大愛是永不戰敗的盾牌，做人應該以道理說服他人，更應該以慈悲折服敵對。

總之，處人要有和氣，要有寬容，要有熱情，要有慈悲，所以關於「處人之道」，要做到四點：

第一、以溫柔對待倔強。

第二、以寬容對待苛刻。

第三、以熱情對待冷酷。

第四、以慈悲對待瞋厭。

「安居」之道

一個修行人，能夠「身安」則自然「道隆」；社會上的士農工商，也要「安居」才能「樂業」。「安居」之道，就是一個人的身心能夠安然自在的生活。如何才能「安居」呢，有四點意見：

第一、居安寧時能思危機：俗語說：「人無遠慮，必有近憂。」一個人身處安樂之時，要想到如果臨時發生意外，應如何應變；處於富貴之際，要防範萬一陷入窘境時，該怎麼辦；處於得意的地位時，要做好一旦無常來時，失去地位了又該如何下台。《詩經．豳風》說：「迨天之未陰雨，徹彼桑土，綢繆牖戶」，就是說明人要居安思危，則能有備無患。

第二、居福德時能慮遠禍：人在順境之中，不可仗恃福德深厚，而一味的安逸享樂，但看歷史上的亡國之君，不都是在富貴榮華之中，因為不知「善始克終」而國破家亡的嗎？貞觀年間是唐朝極盛之期，當時魏徵勸諫唐太宗說：「處高危則思謙降，臨滿盈則思挹損，遇逸樂則思撙節。」這都是說明，雖處於福德之中，但要常常提醒自己「生於憂患，死於安樂」！

第三、居豐饒時能濟貧困：生活過得富裕豐饒，應該要懂得濟急救貧。有的人對於行善助人，總是說：「等我再多存一點錢，再來布施。」這種人慳吝不捨，一輩子也不可能有錢布施，因為「待有餘而後濟人，必無濟人之日」。所以當我們現在有錢，生活猶有餘裕，何不趁著行有餘力去濟貧救急呢？孟子說：「人皆有不忍之心。」救濟貧困，也是慈悲心的長養。

第四、居高位時能念謙卑：

《左傳》云：「好在人上，莫能相下，雖其和也，猶相積惡，惡至無日矣！」一個居高位者，如果不能感念下屬的辛勞，不能以謙讓的態度與下屬相處的話，其團體在表面上雖相安和睦，其實下屬對上位者的怨懟已逐日累積，終有一天會遭人唾棄而眾叛親離。所以，居高位者，除了要以誠心善待下屬外，還要做好無

常一來，遜位之時的生活計畫。

《孫子》說：「智者之慮，必雜利害。」一個有智慧的人，他所顧慮的事，必定不是單方面的，而是有利有弊的整體考量。所以在勝算之間，他已預備好如果不幸敗北的解決方案，如此即使失敗了，也能有退路可走，這就是智者的「安居」之道。所謂「凡事豫則立，不豫則廢」。「安居」之道，有四點應該注意：

第一、居安寧時能思危機。

第二、居福德時能慮遠禍。

第三、居豐饒時能濟貧困。

第四、居高位時能念謙卑。

忍耐之道

人要在社會上有所作為，必須具備許多的條件，例如高深的學問、恢弘的志氣、寬闊的心胸、忍耐的修養等，這些都是艱難人生旅途中最大的助力。其中「忍耐」更是不可少的修養，忍耐並不是退縮，而是用平常心去對待人間一些不平的境界。「忍耐之道」有四點說明：

第一、忍一句，禍根從此無生處：諺云：「天燥有雨，人燥有禍」，人在生氣瞋怒的時候，往往容易失去理智而闖禍。如何不生氣？除了懂得排解之外，要「忍」，先忍之於口，再忍之於面，進而忍之於心。忍耐可以激發心中的力量，有力量自然就不會煩惱、不會動心、不會起瞋。所謂「忍一口氣，風平浪靜。」反之，「小不忍，則亂大謀。」所以「能忍自安」，忍一句，自然禍根從此無生處。

第二、饒一句，切莫與人爭強弱：做人「得理而能饒人，是謂厚道，厚道則路寬；無理而又損人，是謂霸道，霸道則路窄。」有的人好在言語上跟人爭強鬥勝，常常得理不饒人，一句話，非要把人打倒不可。其實「人情留一線，日後好相見」，儘管別人有種種的對不起我，饒他一下，放他一馬，或許日後你會有需要他幫忙的時候，所以原諒別人，就是自留餘地，切莫與人爭強勝，強勝也不一定是在語言上分高下。

第三、耐一時，火坑變成白蓮池：山有崎嶇，海有浪濤，人間不如意事十常八九，要想成功立業，不能要求凡事順遂。所謂「不經一番寒澈骨，焉得梅花撲鼻香；直饒熱得人流汗，荷池蓮蕊也芬芳。」能夠經得起橫逆挫折，堅持到底的人，才能成功，就如荷花愈是炎熱的氣候，開得愈是清香。所以做人要經得起寒天冰雪，酷暑炎熱也要耐得住。

第四、退一步，便是人間修行路：農夫插秧，一定要一步一步向後退，才能把一田的青秧插滿。我們在人間修行、做事，也要懂得退一步的哲學，所謂「進步那有退步高」，有時候退一步想，海闊天空。能夠退一步，回頭是岸；能夠退一步，懂得回頭，不一定要等到碰壁，撞得鼻青臉腫了，才來後悔，那就是人間修行的道路。

人都有順逆境，順境時要淡，逆境時要忍，只要忍得過，再怎麼不順遂的事都會過去。所以，一個人如果懷抱理想，想要創造自己的前途，一定要學習忍耐，如此才能達到目標。

「忍耐之道」有四點：

第一、忍一句，禍根從此無生處。

第二、饒一句，切莫與人爭強弱。

第三、耐一時，火坑變成白蓮池。

第四、退一步，便是人間修行路。

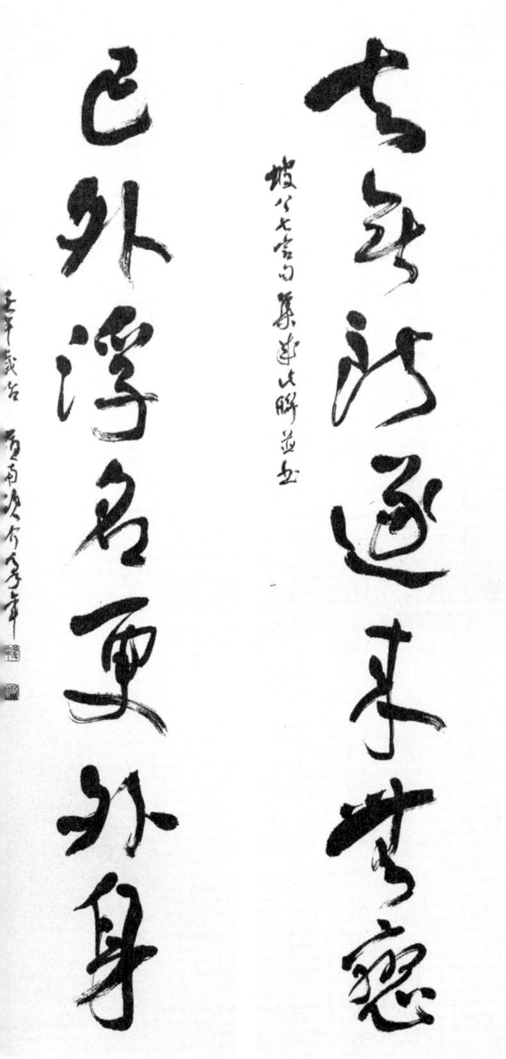

應世之道

有一則笑話是，貓捉老鼠，老鼠機警，躲進洞裡遲遲不出來。貓於是學狗叫，老鼠一聽，心想，貓鐵定被狗嚇跑了。於是從容的走出洞外，卻被貓逮個正著。老鼠不服氣，問：「我剛才明明聽到狗叫，為什麼你還在這裡？」貓得意的說：「這年頭想要混口飯吃，不學第二種語言行嗎？」

人要生存，就不能不具備一些生存的條件，也就是要有應世的方法。

關於「應世之道」，有四點意見：

第一、忍耐是修行的力量：世間最大的力量是忍耐，忍耐不是吃虧、不是無能，而是面對譏諷毀謗能用質直的心釋懷。在忍耐的世界裡，沒有瞋恨，沒有嫉妒，只有和平與包容。忍耐是做人處事的無上法寶，大地因為能忍受眾人的踐踏，所以能承載一切。忍耐的大地最為厚實，做人要如大地一般，能有忍耐承載的修養，才有力量應世。

第二、包容是做人的修養：虛空因為包容萬有，所以才能成其大；做人要有包容別人的雅量，才會受人尊敬。包容是做人的修養，一個人如果對別人的過錯斤斤計較，對別人的錯失一點也不肯體諒、包容，甚至反過來需要別人包容你，就顯示自己渺小。例如一個茶杯只能容納五百西西的水，一個茶壺則能容納二千西西的水；一間一百坪的房子只能容三百人，五百坪的房子則能容兩千人。所以，一個人的心量有多大，能夠包容多少，他的成就就有多大。

第三、柔和是處事的良方：處事之道，在於柔和，柔能克剛，至柔的水能夠穿透至剛的岩石，所以做人能以柔和安忍來處事，再艱難的事都能

迎刃而解。現在流行管理學，管理的妙訣，在於將自己的一顆心先管理好，能夠將自己的心管理得慈悲柔和，將自己的心管理得人我一如，這就是最高的管理學。

第四、感恩是惜福的資糧：做人要有感恩的美德，懂得感恩的人，他會珍惜自己所擁有的一切，進而付

出、回饋別人，所謂「滴水之恩，湧泉以報」，因此感恩是人生的財富，懂得感恩的人生最富有。一個人能將自己的身、口、意管理好，不起煩惱，不與人鬥爭，這是待人處事最好的妙方。所謂「常樂柔和忍辱法，安住慈悲喜捨中」，這就是「應世之道」，有四點：

第一、忍耐是修行的力量。

第二、包容是做人的修養。

第三、柔和是處事的良方。

第四、感恩是惜福的資糧。

自立之道

做人「求人不如求己」，所謂「念觀音、求觀音，不如自己做觀音」，所以做人要自力更生，能自立而後才能立人。自立之道，有四點：

第一、自省而後會自覺：蘇格拉底說：「沒有經過反省的生命，是不值得活下去的。」人要懂得自我反省，如曾子說：「每日三省吾身」，經過自我反省、自我觀照，才能看到自己的心，看到自己的行為，看到自己的個性，甚至看到自己脾氣很大、貪欲心很多、嫉妒心很強等缺點。所以能自省才能發現良知，才能自我覺醒。

第二、自覺而後有自信：人有了自我覺悟以後，才能把不好的行為改正，例如把貪欲心改成喜捨心，把瞋恨心改成慈悲心，把懶惰懈怠改成精進努力，把愚癡邪見改成明理正見。一個人經過自我修正行為以後，過去沒有人緣的，會愈來愈受人歡迎，過去沒有承擔力的，會愈來愈有責任感。有了責任感才能克盡職責，才能有擔當；一個勇於擔當的人，自然會是一個有自信的人，所以自覺而後有自信。

第三、自信而後可自強：自信可以決定理想人生的目標，人有了自信心就有力量決定自己人生的方向，就能策劃自己的前途，就能主宰自己的命運，就能做自己的主人。

一個人能隨時充實自己，自然擁有自信，有了自信，並且盡全力於工作上，這樣的人十之八九會成功。反之，一個人缺乏自尊自信，人生就會癱瘓。

第四、自強而後能自立：為人當自強，所謂「天行健，君子以自強不息」，又說「將相本無種，男兒當自強」。懂得自己奮發圖強、努力向上的人，才能自立。能夠自立自強，那就是一個健全的人生。

人要在世間上保有生存的空間，不外自主、自立、自強，人惟有靠自己才是穩當之道。自立之道有四點：

第一、自省而後會自覺。

第二、自覺而後有自信。

第三、自信而後可自強。

第四、自強而後能自立。

根本之道

樹有根，水有源。樹木的根本厚實，樹木才能長得高、長得大；流水有泉源，流水才能流得遠、流得長。做人要注重根本之道，才能安身立命於天地之間。做人的根本之道有四點：

第一、知禮義是做人之本：做人要重禮節，講義氣，這是做人的根本，也是人跟豬馬牛羊等畜生不一樣的地方。豬馬牛羊，三餐飽食之外，別無所求，可是人在衣食住行以外，所謂「萬物之靈」，人有性靈、精神層次的生活，懂得建構一個有秩序、有倫理、有良知、有道義的社會，所以一旦失去禮義，就不像一個人，就不成其為人類社會。

第二、識大體是處世之本：做人要識大體，所謂識大體，就是懂得顧念別人、顧念大眾、顧念社會、顧念國家，因為國家、社會、大眾就是我們的大體。一個人如果凡事只想到自己，只知照顧自己的利益，置國家社會的利害於不顧，就是不識大體；能夠顧念到大眾群體的需要，這才是識大體的人。識大體，才能在社會上立足，所以識大體是處世之本。

第三、守法度是自由之本：人和人之間，必須有一個共同遵守的規約，才不會互相侵犯。例如國家的法律，團體的公約，學校的校規等，都有制約的作用。有了法度的規範，彼此各安其分，社會才能井然運作，個人的自由才能受到保障。尤其佛教的五戒：不殺生、不偷盜、不邪淫、不妄語、不飲酒（不吸毒），就是不侵犯別人的生命、財產、名譽、信用、智慧，所以守五戒是做人的根本，不能持守五戒，即表示人道有虧。守戒就是守法，這是人我相處之本。

第四、辨是非是明心之本：世間的是非、好壞、善惡很多，也很難有一個確切的標準，所以我們不要用自己的認知來批判別人、要求別人。但是沒有標準並非要我們不明是非，我們心中對是非善惡，還是要有一個自己的標準，要有所認知，要清楚明白，也就是要明理而不惑。明理可以判斷是非，不惑可以分別善惡；能夠辨別是非，才能明心不昧。

《大學》說：「物有本末，事有終始，知所先後，則近道矣！」做人要懂得根本之道，則庶幾有道矣！根本之道有四點：

- 第一、知禮義是做人之本。
- 第二、識大體是處世之本。
- 第三、守法度是自由之本。
- 第四、辨是非是明心之本。

領眾之道

在社會上工作，不是被人領導，就是領導別人。不管是領導人還是被人領導，都必須具備才華、能力。尤其，身為領導者，在思想、風格、處事、修行各方面都要有相當的能力，才有資格領導別人。領眾是一門很大的學問，領眾之道有四點：

第一、要知人才能善任：知人善任是領眾的第一要訣，知人才能適才適用，知人才能人盡其才。例如，主管要先了解屬下的長處缺點，知道屬下的興趣愛好，所安排給他的工作，要讓他能發揮所長，讓他做出趣味來，他必然全心投入。甚至知道屬下的家庭背景，知道他的需要、苦處，適時給他協助、鼓勵，他必然心存感恩，同時也才能心無旁騖的盡心工作。所以用人第一要先知人，知人才能善任。

第二、要育人才會繼承：一個團體要永續經營，培育人才是不可少的，因此現在很多公司團體，都有在職進修的辦法，讓員工短期出國參學、深造等。許多大企業家的董事長，甚至國家的領導人，平時也都積極

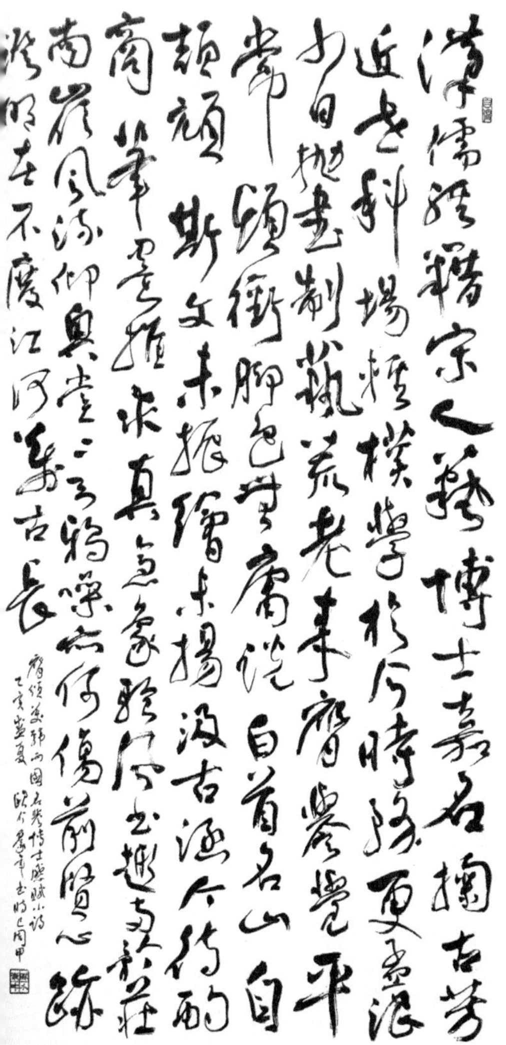

培養接班人；懂得育人，事業才有人繼承。

第三、要用人才得助緣：獨木難成林，一個人的能力再大，終究有限，集合眾人的力量，才能集思廣益。所以一個有智慧的領導人，一定要授權，要給屬下充分發揮的空間，而且要有「用人不疑，疑人不用」的智慧與心量。你能充分授權，讓屬下覺得被信任，被重視，他就會盡心盡力的奉獻，所以要會用人，才能獲得助緣。

第四、要留人才有餘地：有時候屬下有意求去，主管要去了解原因，是人事不和？是待遇太少？是工作沒有發揮的空間？你要針對問題加以解決，要設法留人，讓屬下覺得留下來有前途、有希望。有時候雖然不一定能留得住人，但是讓對方知道你的誠意，知道你對他的重視，所謂「買賣不成人情在」，日後也許他又會成為你意想不到的助緣，所以懂得留人才有餘地。

能讓團體運轉的有兩種人，一是領導人，二是被人領導。如果以刀鋒的銳鈍來比喻一個人的領眾能力，強勢的人，刀鋒銳利，但容易傷人；和眾的人，刀鋒是鈍了點，但經久耐用且不傷人。所以身為領導者，要具備寬宏的胸懷與平等的精神。此外，「知人、育人、用人、留人」是身為領導者必備的識能，知人首重目標一致，育人則要懂得教導部屬，用人要公平合理，留人要使之有前途。所以，領眾之道有四點：

第一、要知人才能善任。

第二、要育人才會繼承。

第三、要用人才得助緣。

第四、要留人才有餘地。

修行之道

學佛是一種思想、一種信念，不是一句話而已，而是一種修行。修行並不是表相上的苦樂榮衰，而是在真參實學中，顯發自性的光芒；在志行堅固中，流露悲願的力量。「修行之道」很多，提供四點參考：

第一、見人善行多讚美：語言是人際間溝通的重要工具，運用不當時也是傷人的強烈武器，因此學習說好話，以隨喜讚歎來給人歡喜，也是一種修行。例如我們看到別人做了一件好事，要給他讚美；我們知道某人是好人，要給他歌頌，所以佛教有一個隨喜功德的法門，我們要有一種隨緣讚美的性格，這就是待人修己的第一修行。

第二、見人困惑指迷津：學佛並不一定要入山修行或施捨錢財，有時一句好話、一件善事、一個微笑，都能給我們的人生廣結善緣，成就大好功德。例如看到有人一時愚痴、一時迷惑、一時想不開，我們要多方的提醒他、開導他、鼓勵他。不能見到人家迷惑，就不喜歡他、放棄他。學佛要有不捨任何一個眾生的悲心，所以見人困惑給他指點迷津，這是待人修己的第二重要修行。

第三、聞人稱譽更奮勉：稱、譏、毀、譽、利、衰、苦、樂，佛教稱之為「八風」，也就是八種煽動人心的境界。做人被人毀謗固然應該自我反省，如果別人稱讚我們，也要虛心檢討自己是否實至名歸，所以不但要心存感謝，甚至要心懷慚愧，覺得自己還不足、自己還不能、自己還不夠，因而更加的奮發、勤勉，如此才能受之無愧。

第四、聞人謗語要警惕：俗語說：「譽之所至，謗亦隨之。」世間的

好壞沒有一定的標準，以偉人為例，有人奉為神明，有人視做魔鬼。甚至一個平凡的人，有人讚美、欣賞，也會有人批評、毀謗。被人毀謗，也不必生氣，你把對方的批評毀謗當成是給自己的一個警惕，是給自己懺悔、消災的機會，能夠如此轉念一想，就是最好的修行。

「修」是實踐，有修的

人生才會圓滿，才會增加我們的福德因緣。修行非口號、形式，而是要將佛法運用到生活裡，修行在生活中。

能用慈悲的語言度人、用慈悲的眼光待人、用慈悲的面孔對人、用慈悲的雙手助人、用慈悲的心祝福人；生活中有佛法，才叫做「修行」！所以「修行之道」有四點：

第一、見人善行多讚美。

第二、見人困惑指迷津。

第三、聞人稱譽更奮勉。

第四、聞人謗語要警惕。

領導人之道

在一個家庭裡，有家長領導子女眷屬；在鄉里中，有村里長領導里民；在公司裡，有老闆領導員工；在政府機關裡，也有首長來領導民眾。「領導」是一個國家社會安定的重要之道，中國人有所謂「寧為雞首，不為牛後」，就是說明人性裡大都不喜歡被人領導，而希望領導別人。做一個領導人，要具備領導人的氣質，還要懂得領導之道，有四點：

第一、做一個領導人，要能講能做：「上有好者，下必有甚焉者矣！」做為一個領導人，要能說得到做得到，如果領導者只知要求屬下，自己卻與所言相違背，則下位者必不服之。再者，如果領導者的操守不良，下位者必投其所好，甚至依循而行，所以領袖必須要以德行來服人，而且要以身教服眾。

孔子說：「其身正，不令而行；其身不正，雖令不從。」領導者要率先為屬下作模範，且要言出必行，如此無須頒布法令，屬下也能努力於崗位上。

第二、做一個領導人，要無怨無悔：做一個領導人，要有高瞻遠矚，要有樂觀豁達的心胸，而且要有不怕困難的堅忍氣度，要有全心付出的無悔態度。孫中山先生云：「危難非所顧，不畏怕威力」，所以一個領導者，要能無懼辛勞，要能「甘為春蠶吐絲盡」的努力付出，且認真負責，不怨天尤人，如此在下位者必能同心齊力於領導者。

第三、做一個領導人，要有慈有智：身為一位領導者，除了要把公家賦給我們的責任確實執行外，還要有評估周遭情勢變化的能力，以及決策

謀畫與處理危機的智慧。除此之外，面對屬下的問題，要以慈悲心來協助他們處理；能將部屬的事當做自己的事來關心解決，如此部屬才能安心於職場，效忠於領導。所以一個領導人，要有慈有智。

第四、做一個領導人，要不私不傲：成為一個領導者，不可以存有私心，不能但憑個人的好惡而對屬下有不公的賞罰。更不

能假公濟私，將公器私用；應該要明是非、知榮辱，要有剛正不阿、不倨不傲、功成不居、遇事承擔的勇氣，如此才能讓屬下尊敬，所做出來的領導方針才能讓眾人全力以赴。所以做一個領導人，要不私不傲。

能讓團體運轉的有兩種人，一是領導人，二是被人領導。本身無能力又不肯接受別人領導的人，是團體進步的絆腳石。所以，做人要樂於被人領導，也要懂得領導別人。「領導人之道」有四點意見提供參考：

第一、做一個領導人，要能講能做。

第二、做一個領導人，要無怨無悔。

第三、做一個領導人，要有慈有智。

第四、做一個領導人，要不私不傲。

觀人之道

在我們身邊有很多的人，其中不乏好人、壞人、善人、惡人、君子、小人，可以說什麼人都有。但是我們一時看不出那一個人究竟是屬於那一種人，必須要有一些因緣、境界，才能觀察得出其人的操守、精神、度量、心境。所以「觀人之道」有四點：

第一、利害時可觀其操守：利害當前，最容易看得出一個人的操守如何。有的人只問是非，不計利害，只要是對的，是應該做的，則不管利害得失，他都義無反顧，這種人最有操守。有的人不問是非，只講利害，只要與我有利，不計是非好壞，甚至別人受害，他也無暇顧及，這種人是十足的卑鄙小人。所以在利害之前，最能看出一個人的操守。

第二、饑疲時可觀其精神：這個人有耐力嗎？他勇敢嗎？他奮鬥的精神力如何？他的力量究竟有多少？平常看不出來，在他饑餓疲倦的時候，你就可以一覽無遺。有的人稍為餓上一餐，稍為疲累一點，他就像洩氣的皮球，完全提不起勁工作。有的人雖然饑餓了，他還是力圖振作，務必要把工作完成；雖然是疲倦了，他為了成就一件事情，仍然不惜一切辛苦，不達目地誓不休。所以，饑疲時可以觀出一個人的精神力與意志力。

第三、喜怒時可觀其度量：一個人的度量大小，平時不容易看得出來，不過當他歡喜或是生氣的時候，自然顯現在外。有的人歡喜的時候，他可以接受別人的建議，甚至批評指教；但是一旦生氣的時候，即使再好的朋友，給予再好的忠言，他都覺得刺耳。有的人歡喜的時候，可以與朋友共享一切成就，但是一旦生氣翻臉了，則任何一點好處也不肯給人佔便宜。所以，一個人的度量大小，在喜、怒、哀、樂的時候，最容易看得出真實的面目。

第四、恐怖時可觀其心境：人在遇到驚慌恐怖的時候，他的鎮靜力如何，可以看出其人的心境。有內在涵養的人，能看透世情的人，面臨生死危急之境，他也能冷靜面對，淡然處之。例如道樹禪師與外道鬥法，任憑外道以法術變現缺手缺腳，甚至無頭無臉的鬼怪來嚇他，他都無動於衷。他「以無對有」，他「豁達無懼」，他的心境裏沒有這一切的鬼怪，所以再恐怖的景象，他也能不為所動。因此，恐怖時可看出一個人的心境。

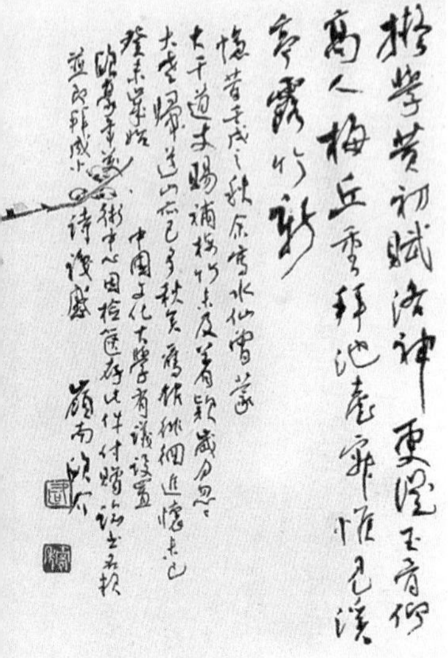

人生的閱歷，要從觀人觀事裡獲得；人生的道德修養，則要在反觀諸己的功夫上增加，所以觀人之餘，更要觀己。在《孟子》一書裡，孟子問齊宣王曰：「吾力足以舉百鈞，而不足以舉一羽；明足以察秋毫之末，而不見輿薪？」可見「觀人」容易「觀己」難。「觀人」之道有四點：

第一、利害時可觀其操守。

第二、饑疲時可觀其精神。

第三、喜怒時可觀其度量。

第四、恐怖時可觀其心境。

相成之道

每一個人的性格、能力，都有各自的特質與專長，甚至各有所長，也各有所短。懂得藏拙而不自暴其短，進而發揮自己有別於他人的特色，就能截長補短，出奇制勝，發揮相成的效果，而讓自己在團體中有傑出的表現。所以人要懂得「相成之道」，有四點意見：

第一、人拙心要巧：有的人外表看起來一副木訥、笨拙的樣子，但即使真的笨拙也不要緊，只要心靈慧巧就好。比起有的人喜歡賣弄小聰明，反而讓人看出他的膚淺、不實，這種人其實不名之為「巧」，而是「拙」。因為他浮而不實，反而被人看輕，讓人瞧不起。所以人的巧與拙，不一定從行為、能力上表現，重要的是心裡要有智慧，要有慈悲、善良，尤其懂

得善解人意，這才是真正的慧巧。

第二、人圓心要方：做人要懂得圓融，要面面俱到；如果一味的「圓滑」，沒有是非、善惡，任人擺布，也是不對。佛教講「隨緣不變，不變隨緣」，就是告訴我們，在真理之前要有不變的原則，但在人情世故上，不妨也要有隨緣的個性。所以，做人做事方法要圓融，但心中不能沒有原則；也就是說，大原則應該堅持，小地方則可以方便權宜行事，這就是「人圓心方」。

第三、人弱心要強：有的人個性柔弱，凡事不跟人爭，遇事也總喜歡息事寧人，不和人計較。但是這樣的人並不表示他沒有用，也並非怕事，反而有很多「外柔內剛」的人，表面看起來是軟弱了一點，但是他的心裡很有原則、很有分寸，一旦他認定該怎麼做，他就很堅持。這種「人弱心強」的人，他的心不容易受人動搖，這才是真正的堅強，才是真正強而有力的人。

第四、人愚心要明：有的人看起很愚笨、很魯直，但其實他的心裡對於是非、好壞、善惡、得失，他都看得清清楚楚、明明白白，一點也不含糊。這種人深藏不露，其實才是真正的智者，也正是所謂的「大智若愚」、「大巧若拙」，所以做人「心明」最要緊。

人都希望做好人，好人怎麼做法？有時候裡外要有一點分別，不一定把「智謀」的一面強烈表現在外，也不必把「執著」的個性顯露出來，能夠「外拙內巧、外圓內方、外弱內強、外愚內明」，更能在人際之間任運悠遊，此即懂得「相成之道」：

第一、人拙心要巧。

第二、人圓心要方。

第三、人弱心要強。

第四、人愚心要明。

四用之道

一個人要會用錢，還要會用人，更要會用理；會「用」才是一個能幹的人。如果不會用人，必然不是一個好主管；不會用錢，事業一定難以開展；不會用理，必定是一個沒有人緣的人。所以不管走到那裡，都要會善「用」各種因緣條件與資源，才能有所成就。以下「四用之道」，提供參考：

第一、用兵擇其勇：一個將軍，要用很多的兵卒幫他打仗，而且要擇其勇敢、有膽識的人，才有勝算。同樣的，每一個公司行業，也要善用能擔當、具宏觀、有遠見的部屬，才能在競爭的社會裡一較長短。陸宣公云：「將立其事，先擇其人」；一個領導者，要有識人的能力，能夠選擇

勇於創新、樂於開拓、具有智慧與分析、判斷能力的人才，對企業的營運才有助益。

第二、用人擇其才：韓愈的〈馬說〉寫到：「世有伯樂，然後有千里馬；千里馬常有，而伯樂不常有。」寓意擇才任用的重要。不過，一個領導者，除了擇才外，還要能善用部屬的專才，這是選才、用才之道。美國鋼鐵大王卡內基說過：「將我所有的工廠、資金全部奪去，只要保留我的團隊人員，四年後，我仍然是一個鋼鐵大王。」由此可知，擇才善用的重要。

第三、用理擇其道：孔子說：「知之者不如好之者，好之者不如樂之者。」明白道理的人，比不上愛好道理的人；愛好道理的人，比不上樂於實行道理的人。我們在跟人講理時，理中必須要有「道」，理中沒有道，就是歪理、邪理、不合情理，如此就是無理、無道。「道」就是要合情、合理，要與人為善，要互相尊重，如此才能讓人接受。

第四、用錢擇其德：「有錢是福報，會用錢是智慧。」有錢要會使用，錢用得正當，就如把種子播灑在好的田地裡，一定會有開花結果的一天；錢用不得當則如同將種子灑在柏油路上，種子必會枯死。所以布施錢財，應該選擇品德忠淳、有學習能力的對象，如此才能為社會培育人才。

俗語說：「舉賢不避親」，只要是才，都要知人善用。除此之外，自己也要知道如何善用自己的「才」，尤其先要具備各種的才能，如此才能為人所用。所以「四用之道」是：

第一、用兵擇其勇。

第二、用人擇其才。

第三、用理擇其道。

第四、用錢擇其德。

四好之道

每個人都希望自己身體好、學問好、名譽好，希望自己所具備的條件都能讓人稱讚。但是，好有好的因果，壞也有壞的緣由，現在我們來談談「四好之道」，有那四好呢？

第一、若要身體好，飲食要吃少：過去的人認為身體要健康、要有充足的營養，一定要吃得多、吃得好；現在人卻說：「若要身體好，飲食要吃少。」在《阿含經》也說：「若過份飽食，則氣急身滿，百脈不調，使心壅塞，坐臥無安。」佛世時，波斯匿王因為貪著飲食而過於肥胖，導至呼吸困難，因此請示佛陀如何減肥。現代的醫學也證明，吃得過好、吃得過多，會營養過剩，反而帶來疾病；過度飲食既然有如此多的過患，我們自然應該要多加注意，予以節制。

第二、若要人緣好，誠懇莫驕傲：每個人都希望自己的人緣好，不論到那裡都能受到大眾的歡迎，受到眾人的喜愛。甚至不論做什麼事情，都能受到眾人的協助。這樣的好人緣，並不是憑空而有的。諸葛亮說：「不傲才以驕人，不以寵而作威。」如果你平時待人誠懇，經常服務他人、關心他人，而且謙虛有禮，不驕傲、講信用、有情義，如此你的人緣必定會很好。

第三、若要家庭好，關懷最重要：家庭裡的每個成員，都希望我的家庭和樂美滿、我的家人父慈子孝。如何才能建立美滿的家庭呢？若要家庭成員相親相愛，彼此要有良好的互動關係，也就是要互相體貼、互相扶持、互相尊重、互相包容、相互關懷。關懷可以讓兒童在愛的環境中成

長，關懷可以讓老者在愛的家庭中找到安寧，關懷也是夫妻之間相互扶持的良方。所以，要有美滿的家庭，關懷最重要。

第四、若要事業好，勤勞來創造：創造事業，要靠平常的勤勞耕耘。愛因斯坦說：「在天才和勤奮之間，我毫不遲疑地選擇勤奮，因為它是世界上一切成就的催生婆。」由此可知，勤勞才能創造一切，勤勞是改造社會的動力。看看涓滴之水，竟能將大石磨損，這不是來自它強大的力量，而是晝夜不停的滴墜。「大地藏無盡，勤勞資有生。」因循怠惰的人，把希望寄託在縹緲的未來，勤勞奮發的人，則是將成功的未來掌舵於股掌之間。

「四好之道」是提昇生活品質的方法，除此之外，平時若能進一步的去關心他人、服務社會、奉獻人群，如此不但能組織美好的家庭，更能建立安和的社會。「四好之道」為：

- 第一、若要身體好，飲食要吃少。
- 第二、若要人緣好，誠懇莫驕傲。
- 第三、若要家庭好，關懷最重要。
- 第四、若要事業好，勤勞來創造。

涵養之道

人要有涵養，有涵養的人才能得到人家的尊敬，所以受教育、求知識、廣見聞，都是為了讓人有涵養。有涵養的人講道理，講禮儀，講尊重，講恭敬，講謙虛，凡一舉手、一投足，都能見出他的修為與教養。至於如何才能有涵養，有四點意見提供參考：

第一、水深可以行船：人有多少內在涵養，可以用語言試探；水有多少深度，可以用竹竿測得。水深才能行船，全世界的軍港、商港，都有它一定的深度標準，才能供軍艦、商船停靠。深山才能長叢林，水深才能養大魚。假如吾人的涵養能像水一樣深，就能讓各種朋友聚集來投靠我們；假如我們有涵養，一言一行，一舉手、一投足，都能表達深度，就能得到別人的尊敬。

第二、波靜可以清明：水本來平靜無波，平靜的水遇到石塊，就會激起浪花，平靜的水遇到起風，就會掀起波浪。做人，也像水一樣，遇到了阻礙，自己就不能理智清明；遇到了外境，無明的業風一吹，就不能自主。在波平浪靜的時候，我們可以看到倒影，但當心湖裡有了波浪，就不能看到自己本來的面目。所以一個人的涵養，要能禁得起障礙、誘惑、挑動等任何外境的干擾，都能不為所動，那麼吾人就能像一湖清水一樣，所謂「風平浪靜」，理智自然清明，自然不會心隨境轉了。

第三、淡泊可以寧靜：有的人生活在動亂裡，偶爾靜下來反而不自在；有的人喜歡繁榮，他不覺得淡泊可貴。其實，淡泊可以使人寧靜，寧靜也可以使人淡泊。當吾人懂得淡泊的生活，那才真正擁有了人生；當一個人能夠享受寧靜的時刻，才能知道生活的情趣。人生如果淡泊生活，則沒有人嫉妒；人生能寧靜過日子，則沒有人討厭。所以淡泊寧靜，才能通達人生的意義，生活才能有秩序、有條理地安住身心。禪門裡所謂「大海之水，只取一瓢飲」，五光十色的世間，五欲六塵的誘惑，只要我自覺心安，有此涵養，那不就是最美的人生嗎？

第四、琢磨可以成器：「玉不

琢不成器，人不學不知義」，吾人的涵養，也不是一日可以達成，也要禁得起生活的折磨與歲月的考驗。所謂「白玉須經妙手磨，黃金還得洪爐煉」，不能經過苦難的考驗，不能經過千生萬死、萬死千生的歷練，那裡能有成功的希望呢？所以真正的涵養，不是輕心慢心，不是從遊玩消遣中，就能鍛鍊成功，必須要有信心毅力，大死一番，才能成功。

所以，涵養吾人生命修為的價值，是做人處世的方用，有四點說明：

第一、水深可以行船。

第二、波靜可以清明。

第三、淡泊可以寧靜。

第四、琢磨可以成器。

培植之道

「十年樹木，百年樹人」，古今中外，對人才的培植，莫不同等重視。戰國時候齊國孟嘗君好養賢士，食客數千人，就是以培植之道來造就人才。但是何為「培植之道」呢？有四點意見：

第一、植樹要培其根：樹高千丈不離根，如果根部腐爛了，養份無法吸收，就不可能有花繁葉茂的果，所以澆灌樹木的枝葉，不如從根部好好培植，不可因其隱於地下而忽視；只要根不壞，荒地也能開花。植物的「根」，好比佛教常講的「因」果；在世間上，一切都是由根本發展出來的，所以做人要「立定腳根」，解決問題要「探究根本」，生命也要「追溯本源」。有根，才能開花結果；無根，就如浮萍，難以安身立命。

第二、植德要培其心：經云：「不識本心，學法無益。」心如水之源，源清則流清，所以古代的仁人君子，都很重視心性的修養。心是一切行為的主宰，正如花開千層不離心，六祖壇經也說「一切福田不離心地」，心念好好善護，行為才能在正軌上發展，所以要培植道德之花，必定要從心靈上著手，出言吐語才會芬芳遠播。

第三、植量要培其廣：常言說：「宰相肚裡能撐船」，但是有的人卻「拔一毛而利天下，吾不為也。」其實，「與眾分食」才是滋味無窮。《老子》譬喻「上善若水，水善利萬物而不爭。」就是一種心量；而佛菩薩也有「心如虛空，量周沙界」的寬宏，正因為心裡有無量的眾生，才得以圓滿成就菩薩道。所以，稻穗、花海廣大成片，才能令人賞心悅目；人的生命經驗要傳承，也要有教人的胸懷雅量，才能廣被天下。

第四、植福要培其勞：一個人的福德因緣，不是上天平白賜予，也不是父母師長愛護就能成就。華麗之屋起於一磚，錦繡之衣織於一縷，成就必須靠自己，所謂自己種自己收。植福就像開發田地一樣，需要胼手胝足、辛勤耕耘，才有收成；唯有經過自己努力付出，才能體會、珍惜。

國家的文化要優良、社會的制度要健全，都需要用心培植；甚至現代醫學研究發現，基因是可以透過培植而改變的。凡事只要我們肯用心培植，未來就有無可限量的希望，因此「培植之道」有四點：

第一、植樹要培其根。

第二、植德要培其心。

第三、植量要培其廣。

第四、植福要培其勞。

養氣之道

孟子說：「吾善養浩然之氣。」養氣，是人生重大的修養；人有浩然之氣，然後才能談到養心、養性。所以對於「養氣之道」，有四點意見：

第一、少思慮，以養中氣：有時候我們講話中氣不足、唱歌中氣不足，為什麼中氣不足？所謂「思多傷神，話多傷氣」，由於思慮太多，過分勞心費神，影響身體健康。所以，講話固然不能逞一時之快，應該再三「思慮」，才不會「失言」；但對於不必要的事也無須思慮太多，才能養足自己的中氣。

第二、減欲望，以養骨氣：我們評論一個人，常說：那個人很有骨氣，或說：某某人沒有骨氣。為什麼沒有骨氣？貪心重、慾望多，一天到晚只想別人給我，或是為了得到自己想要的東西，常常不擇手段。其實有骨氣的人，非分之財不要，非分的言論不說，非分的事情不做，一心只想維護自己的骨氣。

第三、多經歷，以養膽氣：一個人如果經歷豐富，所作的事情多，所見識的場面廣，自然膽氣就壯。例如有的人不敢在人前、人多的場合講話，但只要多經歷幾次以後，自然不再怯場，不但任何場合都敢講話，甚至樂此不疲，所以經歷可以養成膽氣。

第四、順時令，以養元氣：大自然的時序有春、夏、秋、冬四季，春天有春天的景色、夏天有夏天的風光、秋天有秋天的景緻、冬天有冬天的特色。在春、夏、秋、冬四時的生活裡，炎熱的時候要注意身體，避免中暑；寒冷的時候，也要懂得保健，不能著涼。所以，在時節氣候的變化裡，要保護好自己的元氣。

人，要活出自己的氣節來，所以養氣之道有四點：

- 第一、少思慮，以養中氣。
- 第二、減慾望，以養骨氣。
- 第三、多經歷，以養膽氣。
- 第四、順時令，以養元氣。

處世之道

人生處世，離不開人；如何處世，才能事事順利，必先了解人性，懂得處人之道，則處世不難矣！處世之道，有四點：

第一、以言語譏人，取禍之大端：一個有道德的人跟人講話，絕不會用語言去譏諷別人；以語言譏人，就如《四十二章經》說，一個人惡言惡語罵人，人家不肯接受，就等於送禮給人，對方不肯接受，只有自己收回來。妄語惡口的話，猶如「仰天而唾，唾不至天，還墮其面」；惡口譏諷人，猶如「逆風揚塵，塵不至彼，還坌己身」。所以，譏諷惡口，這是自取其禍之端，應該戒之為要。

第二、以度量容人，集福之要領：一個人待人寬宏大量，不計別人的

小過失，這是厚道之人，必得人望，自然不會得罪於人而能遠禍；人生無禍便是福，所以以度量容人，這是集福的要領。平常我們總想求得福報，福報從哪裡來？就是不要跟人斤斤計較，甚至被人責罵，一點也不怨怪，不計較，如此福報不招自來。

第三、以勢力折人，招尤之未遠：有的人位高權重，習慣用勢力去折服別人，用勢力去壓倒別人，用勢力去打擊別人。不要以為這樣就是勝利，其實是「招尤之未遠」；有朝一日，自己一旦失勢，別人必定會找機會報復。所以，以勢力折人，必定招致未來不幸的後果，不可不慎。

第四、以道德化人，得譽之流長：我們不管跟任何人相處，道德為本。說話，要說有道德的話；做事，要做有道德的事；跟人合資經商，合夥事業，要把道德擺在前面，如此不但能遠離過失，日久必定善名美譽，淵源流長。所以，「處世之道」的重要有四點：

第一、以言語譏人，取禍之大端。

第二、以度量容人，集福之要領。

第三、以勢力折人，招尤之未遠。

第四、以道德化人，得譽之流長。

獲得之道

小孩希望獲得糖果，農夫希望獲得豐收；學生最渴望的是獲得鼓勵，歌手最期待的是獲得掌聲；情人希望獲得專一肯定，行者希望獲得悟道安心。可以說，每一個人都想有所獲得。但是，「獲得」不會從天上掉下來，「獲得」也不是冀望別人給我，獲得有獲得之道，有四點如下：

第一、由事業而獲得金錢：現代的社會，經濟重於一切，一般人如果沒有金錢財富，生活中「柴米油鹽醬醋茶」開門七件事，也會變得十分拮据，甚至想發心做一點善行好事，也需要有資糧。《佛光菜根譚》說：「布施如播種，播種善緣，才能收成。」想要發財富足也是一樣，哪裡能憑空獲得？必須從事事業生產，唯有不斷的努力工作，才能獲得！

第二、由學習而獲得知識：智慧是人生的導航，汲取知識則是智慧的開始。現代管理大師梭羅也有一句話：「全球化時代，知識是成功的關鍵，勇敢是成功的心態。」知識是人類的動力來源，是進步的基礎；但是知識不是道聽塗說、人云亦云，它是從學習獲得，從思考提升。知識如同金錢，金錢由一毛一角慢慢聚集，知識也是由點點滴滴慢慢增長，只要不斷學習，就能不斷獲得知識。

第三、由失敗而獲得經驗：大部分的人都害怕失敗，因為失敗讓人喪失自信，失敗令人感到挫折。其實失敗不可怕，絕望才可嘆，失敗了可以再來，絕望則沒有未來。失敗不是絕對的壞事，一個有為的人不怕失敗，他會從失敗裡吸取經驗，成為智慧，未來就有成功的時候，所以說「失敗為成功之母」。

第四、由發心而獲得功德：肯定自己最大的力量就是發心，它可以莊嚴自己，可以開發潛能。發心走路，路可以走得很遠；發心吃飯，飯可以吃得很飽；發心睡覺，覺就會睡得香甜；發心做事，事情就會成功。無論做什麼事，只要發心，就有力量。經典說：「惡盡曰功，善滿稱德。」功德就是從發心中成就、增長。

「山窮水盡疑無路」，堅持後的獲得是「柳暗花明又一村」；「芒鞋踏破嶺頭雲」，辛苦後的獲得是「春在枝頭已十分」。農人春耕夏耘，見到秋收粒粒，他會說：「沒有流汗的播種，怎有歡笑的收穫？」道人參訪行腳，心中有所得時，他也會說：「不負草鞋錢。」聰明的人兒，行走在這人生的旅途上，你想要獲得什麼，就要怎麼付出。所以獲得之道有四點：

- 第一、由事業而獲得金錢。
- 第二、由學習而獲得知識。
- 第三、由失敗而獲得經驗。
- 第四、由發心而獲得功德。

和諧之道

世界上什麼最重要、最寶貴？和平！人與人之間、人與社會之間、人與大自然之間，什麼最重要、最寶貴？和諧。談到「和諧之道」，有四點看法：

第一、柔美的音樂使人和諧：音樂能表達感情、思想，有移風易俗的功能；音樂的攝受力，感人肺腑，動人心弦，是人類最美麗的表達方式。尤其「音樂沒有國界」，一首旋律幽美的樂章，不管是哪一個國家的音樂，聽了都覺得好美。人與人之間，彼此可以不懂得對方的語文，但我懂得韻律，透過柔美的音樂，可以促進情感的交流，讓人際之間、種族之間、國家之間，達到一種和諧。

第二、森林的鳥鳴使人悠遠：蟲鳴鳥叫，這是大自然帶給人類的天然資源之一，平時經常親近大自然，可以陶冶性情。例如，在茂密的森林裡聆聽鳥叫，這是人生一大樂事；鳥鳴讓人心情悠遠、曠大，不會為了人間的芝麻小事而計較、爭取，甚至傷了和氣，這是多麼划不來呢。

第三、清雅的馨香使人怡然：「室雅何須大，花香不在多。」整潔雅致的房間，點上一爐清香，讓人感到無比愉悅；沒事到公園裡散步，迎著清香撲鼻的花香，讓人怡然自得。世間上還有什麼比芬芳的馨香更美好的呢！

第四、無聲的沉寂使人安適：每個人在一天當中，有屬於大眾相處的時間，也要有幾分鐘獨自靜處的時間，乃至在一個禮拜當中，也要有幾個小時屬於自己安靜的時間。所謂「寧靜致遠」，沉寂無聲的境界，讓人心

情安適，讓人感到無比舒暢。

所謂「耳中清淨和諧多」。一首歌，配樂和諧才會動聽；在團體裡與人相處，能「和」才能和氣、和平、和好、和悅、和順、和祥、和諧、和衷共濟、和氣生財。因此，人與人之間的和諧之道，有四點說明：

第一、柔美的音樂使人和諧。

第二、森林的鳥鳴使人悠遠。

第三、清雅的馨香使人怡然。

第四、無聲的沉寂使人安適。

厚實之道

土厚，能承受；地實，能載物。做人處世要厚實，乃至社會命脈，國家力量也要厚實。荀子在〈富國〉說：「仁厚足以安之，德音足以化之。」在佛門裡，歷來的祖師大德，也莫不經過養深積厚的踏實功夫，才能成就道業，如普願禪師在南泉山挑水煮飯三十年，慧忠國師在黨子谷掃地四十年。他們尚且需要如此培植福德因緣，一般人如何能不自我充實呢？關於「厚實之道」，有四點看法：

第一、羽毛不豐，不可高飛：古人言：「毛羽不豐滿者，不可以高飛。」一個人的能力還不夠充實時，應先自我評量是否能堪受大責，否則難免被譏為「螳臂擋車」，自不量力。不過話雖如此，有的人「大器晚成」，雖不必急於表現，也不能洩氣，只要耐得住沉潛的功夫，禁得起時間的磨練，就會有大鵬展翅，一飛沖天的一天。

第二、法令不善，不可妄為：法令，可以給人保障，可以給人依循，依著法令行事，諸事可以推廣，庠序而有則。但是法令的制定，也要再三斟酌，考量大眾所需，才能完善。戰國時代，商鞅說服秦王推行新法，卻因用法過於嚴苛，樹敵眾多，最後自斃於自訂之法；宋神宗時，王安石致力改革時弊，銳行「青苗法」，卻因反對者眾多，一片好心付之東流。因此，當一個法令、辦法、規則的制定，還不能完善成熟，尚未獲得普遍認同時，就不能輕易妄行，否則一定不為大家所接受。

第三、道德不深，不可表態：「德」是已得正道而無失，「道」是指已得之德而能利及於他人；道德皆具全，是人類最珍貴的品質。平時與朋友相交，如果自己沒有真實的道德修養，輕易自暴淺薄，朋友也不會掏心與我們交往。同樣的，在一個機關裡，如果沒有人格道德，大家也不見得肯聽我們的話，就算與人接觸，別人也不會信任於我。所以「交淺言深」，君子所戒。

第四、學能不具，不可任事：「要得功夫深，鐵杵磨成針」，一個人無論學什麼、研究什麼，都要深入；有深入的了解、研究，然後把計畫、辦法、理想提供出來，必定事半功倍。反之，當學問、能力尚未具全時，就不能操之過急，不可貿然擔當大任。因為所學躐等，就會好高騖遠，致使許多言行都像空中樓閣，不切實際，因之學能不具，不可任事。

樹上果實尚未成熟，不可輕易採擷；母雞孵蛋尚未孵熟，不可妄自一啄。萬丈高樓起於平地，事業的成就也要一步一腳印地踏實走，才能平穩成長，所以吾人不可不重視「厚實之道」。有四點：

第一、羽毛不豐，不可高飛。

第二、法令不善，不可妄為。

第三、道德不深，不可表態。

第四、學能不具，不可任事。

成功之道

人生就像一場馬拉松賽跑，要想獲得成功，必須要有耐力堅持到最後。此外，如《佛光菜根譚》說：「自學，是成功的動力；自律，是成功的條件；自信，是成功的方法；自尊，是成功的要素。」成功其實並不難，只要具備各種條件與因緣。關於「成功之道」，有四點看法：

第一、有專長必能立足社會：俗云：「萬貫家財，不如一技隨身。」今天的社會，要想立足其中，必須要具備各種專長與技能。例如長於電腦、長於會計、長於策劃、長於寫作，甚至長於駕駛，總要有一個專長。今天的社會，講究「專才專用」，沒有專長，很難立足，所以每個人要想在社會上生存，應該學會維生的幾種專長，這是很重要的。

第二、有希望必能勇往直前：人是活在希望裡，有希望就有未來，有希望，人生才會活得踏實。登山者，翻山越嶺，爬得汗流浹背，但是他的心中存著登頂的希望，所以不怕辛苦。人生的路上，儘管崎嶇遙遠，因為有希望，再遠也不怕，所以有希望才能勇往直前。

第三、有勤勞必能不斷進步：人都希望明日比今日更好，未來比現在更好。你希望未來更好，就要不斷的進步，能夠不斷進步的原因，就是要勤勞不息。古人說：「勤能補拙」，做任何事情，只要能精勤力行，終有寸進。就像小水常流，則能穿石；鑽木不懈，即能得火。凡事只要精進勤勞，就能不斷進步，就能成功。

第四、有遠見必能掌握先機：世事如同棋一局，有遠見者勝；有遠見的人，才能掌握先機，才能成功。

反之，人無「遠見」，必然只有「淺見」，淺見的人生，他只看到自己，看不到大眾；他只看到家庭，看不見整個社會；他只看得到眼前的小利，看不到宏觀遠大的未來，這種人做事格局小，成就自然有限。

成功人人欣羨，但是成功絕非憑空而降，成功有「成功之道」，所以四點看法，提供參考：

第一、有專長必能立足社會。

第二、有希望必能勇往直前。

第三、有勤勞必能不斷進步。

第四、有遠見必能掌握先機。

謙卑之道

人與人相處，最重要的就是要有謙卑的風度。一棵成熟的稻穗，頭必定垂得很低；一個成熟的人，對人必定是謙卑的。西洋哲學家講：「宇宙有多高？宇宙只有五尺高！」六尺之軀的人類要在宇宙中生存，低一點頭會更順利，因此做人要懂得謙卑。關於「謙卑之道」，有四點：

第一、向尊長謙恭是本份：每一個人都有父母、師長、尊親、長輩，對於我們的尊長，我當然要對他恭敬、謙虛，如孔子說：「有酒食，先生饌；有事，弟子服其勞。」孝順父母，對長輩謙恭，這是做人的本份，也是天經地義的道理。

第二、向朋友謙虛是和善：我們對待同學、同事、朋友，態度要謙

虛，要尊重他、抬高他，這是表示和善。肯得對朋友謙虛的人，自然會有人緣，別人自然容易接受他。

第三、向晚輩謙遜是高尚：有時候對待自己的晚輩，如子姪、學生、部屬，在他們前面不必傲慢，不必自高自大；能夠謙遜一點，不但不表示你的地位低，或是身價差，反而更顯出你的人格高尚，也更能得到別人的尊重。

第四、向生人謙和是安全：

平常我們會遇到一些過去不熟悉，或是初次相見的人。不管是為了事業，或是因為別人的介紹，不管是有緣者，或者偶然相遇的人，如果你對陌生的人謙虛、和平一點，這是安全之道。因為對方的背景你並不清楚，萬一是個長官，你對他傲慢，事後的結果可想而知，必然是會吃虧的！所以在生人前面謙遜，才能安全無患。

萬事成於謙虛，敗於驕矜；做人要懂得虛懷，要如大地之謙卑，才能承載萬物，成就萬事。所以，「謙卑之道」有四點：

第一、向尊長謙恭是本份。

第二、向朋友謙虛是和善。

第三、向晚輩謙遜是高尚。

第四、向生人謙和是安全。

中庸之道

日常生活裡，有人過於追逐物欲，有人過份刻苦自勵；有人對金錢的使用浪費無度，有人則是一毛不拔，這都不是正常的生活之道。就像一隻手，始終緊握拳頭是畸形，只張不合也是畸形，一定要拳掌舒卷自如，這才正常。所以，凡事要適可而止，要不偏不倚，這就是中庸之道。如何才能在日常生活裡實踐「中庸之道」，有四點意見：

第一、做事不要太苦：人生不能沒有工作，因此每個人都不能不做事。做事當然要勤勞，但是也不能太辛苦；太辛苦了，以後做事就畏難、畏苦，就不能長久，不能持之以恆。所以，現在的公司行號大都制定八小時上班制，每天工作時間從上午八點到下午五點，有一個時間性；甚至每個星期不但有休假日，現在還實施「週休二日」，這就是要我們不要太辛苦。

第二、享欲不要太樂：人不能沒有物質生活，適度的物質是維持生命不可或缺的條件。但是有的人享用過度，過份的放縱五欲之樂，例如，吃要山珍海味，穿要綾羅綢緞、住要高樓大廈，出門要開高級轎車等。過份的追求物欲之樂，甚至浪費無度，則如銀行裡的存款，用得太多，總有一天會負債，所以福德因緣還是要慢慢的享受，不能透支。

第三、待人不要太苛：人與人相處，要懂得待人之道，最重要的，就是待人要厚道，要替人設想。尤其身為主管者，要「待人如己」，甚至要「寬以待人，嚴以律己」，如果待人嚴苛，或者是過份放任，都不是處人之道。

第四、用物不要太榮：對於日常用物，有的人好買，平常沒事就喜歡逛街購物，並且樂此不疲，有的人則非名牌不用。其實東西能用、夠用就好，不要太過豪華、奢侈，物質太多，不一定很好，所謂「人為物役」，物

質太豐，有時也是一種負擔。

中庸之道其實就是佛道，佛道就是要我們每一個人的生活裡，凡事不要太左也不要太右，不要太緊也不要太鬆；能夠不偏不倚即為「中」。所以，什麼是中庸之道？有四點：

- 第一、做事不要太苦。
- 第二、享欲不要太樂。
- 第三、待人不要太苛。
- 第四、用物不要太榮。

卷三 君子之道

君子具有寬恕之美，
對自己要求嚴苛，儘量滿人所願；
對別人則隨順因緣，不帶勉強。

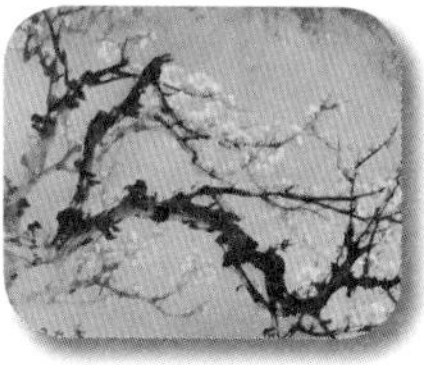

君子之道

君子的行為是怎樣呢？一個有道德的君子，他的所說、所做處處都會為人設想，不會有無理的要求，更不會強制你的行為。他尊重每個人的人格特質，包容異己，所以君子是有德之人，隨順自然，量才為用。「君子之道」有四：

第一、君子不責人所不及：人有賢愚不等，能力大小不一，等於五個手指頭伸出來，自有長短功用。團體當中，相當有能幹者、不能幹者，能力大小分別，不責人所不及，不任意責備他人。學問不如我者，能力不如我者，鼓勵提攜，給予他尊重，給予他讚美，給予他包容，這才是有德的君子。

第二、君子不強人所不能：一個君子自我要求以身作則，力行身教，不會勉強他人做不想做的事，或做不到的事。好比有人不會講話，逼他上台教書；不會唱歌，叫他開口唱歌；不會畫畫，要他拿筆作畫，這都是強人所難！人並非萬能，包容他人的不能，尊重啟發他人的能處，這是君子令人讚佩的美德。

第三、君子不苦人所不好：君子具有寬恕之美，對自己要求嚴苛，盡量滿人所願，對別人則隨順因緣，不帶勉強。君子處人，不勉強好靜者逛街買市，不勉強木訥者開口暢言；喜歡大自然的人，邀約他遊山玩水；愛好藝術的朋友，提供相關訊息，適其性情，隨其所好予以安排，不要求他人做不歡喜之事。

第四、君子不藐人所不成：一個有德的君子，知道每個人各有其特

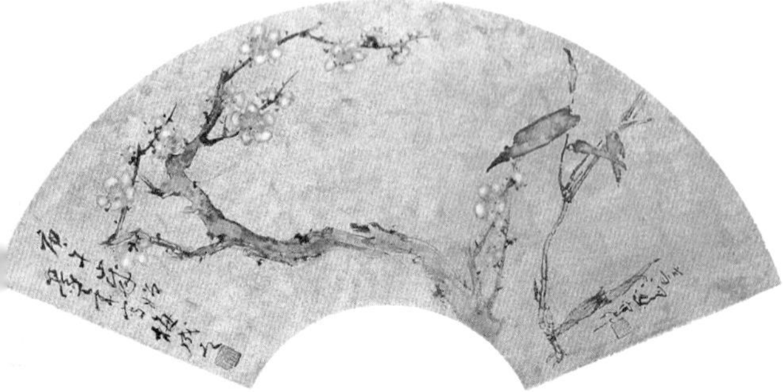

質，各有其司所要，因此他不輕視別人，藐視無成。他看人之好，不看人之缺，知道世間之人，必有一處長於自己，如《法華經》常不輕菩薩所說：「我不敢輕視汝等，汝等皆當做佛。」人人皆有佛性，即便是燒火掃地者，也會有強過我之處，因此，君子不看輕一人，不藐視一人。這四點「君子之道」，也是吾人生活中與人相處之道。

第一、君子不責人所不及。

第二、君子不強人所不能。

第三、君子不苦人所不好。

第四、君子不藐人所不成。

和平之道

現在舉世人類，最大的希望就是「和平」。全人類一致要求「和平」，但是一些別有用心的野心家、好戰分子，他不以人民的幸福安樂為念，而以犧牲人命為他的升遷之道。所以今天的世界，雖然多數人倡導「和平」，但是「和平」要有道。和平之道是什麼呢？有四點：

第一、以無我觀致力和平：今天大家倡立「和平」，卻把「我」抬得太高，把「我」執著太深，凡事都是我想、我以為、我認為；「我」之一念，令人永不安寧。《法華經》說：「我見太重之人，喻如餓鬼。」「我」為紛爭之源，無我才能大公，大公才能和平。所以，欲求世界和平，必須無我；「無我」才能達致根本的和平。

第二、以慈悲力倡導和平：人人希望和平，但是你用瞋恨心對待別人，怎麼能和平？你以貪心希求別人給我，怎麼能和平？和平必須要用慈悲心待人，你以慈悲心幫助別人，以慈悲心拔人苦厄；人人能以慈悲心相對待，則一切眾生皆得福樂。果能如此，則世界才能和平。

第三、以尊重心謀求和平：人人都喜歡被人尊重，卻容易忽略尊重別人。「己所不欲，勿施於人。」是尊重他人的基本原則。戰國時代為人稱頌的「將相和」故事，即藺相如尊重廉頗，並得到廉頗尊重之回報，終使趙國免去強鄰的侵擾；人的五指互相尊重，才能團結一個拳頭，一個拳頭才有力量，有力量才能謀求和平。所以，欲圖持久之和平，必須建立尊重之心；沒有尊重的和平，不能持久。

第四、以平等行實踐和平：佛陀在菩提樹下金剛座上悟道成佛時，即宣告說：「大地眾生皆有如來智慧德相。」此一生佛平等之宣言，實為萬億眾生得救之明燈。佛陀成立僧團，標舉六和敬，以思想、法制、經濟、語言、身行、心意為民主平等的原則。佛陀常說：「我不攝受眾，我亦是僧數。」佛陀以平等心與僧團大眾相處，實踐平等心，從未以統治者自居。吾人要見世界和平，必先呼籲普世之人建立平等心，大國小國平等相處，各個種族平等相處，唯有平等心才能進取和平。

所以，如何致力「和平」，有以下四點：

第一、以無我觀致力和平。

第二、以慈悲力倡導和平。

第三、以尊重心謀求和平。

第四、以平等行實踐和平。

平常之道

禪宗有謂「平常心是道」！有的人說話，語不驚人誓不休；有的人做事，不能驚天動地非丈夫。其實，說話，閒話家常更覺親切；做事，能讓大家認同就是圓滿；修道，也要修大家都能做得到的「平常道」。能夠從平常事物中體會出佛法真理，這就是真修行，所以「平常之道」有四點：

第一、穩當話就是平常話：說話，不必標新立異，說話旨在表達意思，因此說話要穩當、切實，不要說空洞、高調的話。如果說話浮而不實，說得到卻做不到，或是說話得罪了別人，這都會讓人看輕你的人格，所以說話要穩當，這就叫做平常話。

第二、本分人就是快樂人：做人，要做什麼樣的人？做一個本分的人最要緊。什麼叫本分的人？例如，應該正直，我就正直；應該誠實，我就誠實；應該慈悲，我就慈悲。我身為人家的兒女，我就做個孝順父母的兒女；我的身分是學生，我就好好地用功讀書，每次考試都有好的成績來報答老師；我在社會機關裡做一名職員，我就好好地把我的職務做好，這就叫做本分人。能夠做個本分人，就是快樂的人。

第三、淡泊情就是真性情：人是「有情」的眾生，但是有的人情感太熱了，只有五分鐘熱度，不能維持長久；有的人情感太多了，多得讓人受不了。所以，有時候淡泊一點的情感，持之以久，甚至愈久愈香。淡泊的情，就是真性情。

第四、慚愧心就是向道心：人為什麼要信仰宗教？在諸多的原因當中，有一個很重要的，就是培養「慚愧心」。慚愧心就是自覺我對不起父母、對不起兒女、對不起國家、對不起大眾，我很慚愧。甚至我沒有能力、我沒有道德、我不夠清淨、我所做不夠多，因此要奮發向上。怎樣奮發向上？我信仰佛教，在佛教裡我開闢另外一片天地，這就叫做「向道心」。一個有慚愧心的人，自然懂得精進向道。

世事無常，諸相皆空，如果我們有一顆平常心，世間的一切有也好，無也好，都看作鏡花水月；得也好、失也好，都能以平常心看待，則生活自能恬適、自在！所以「平常之道」有四點：

第一、穩當話就是平常話。

第二、本分人就是快樂人。

第三、淡泊情就是真性情。

第四、慚愧心就是向道心。

豐收之道

每個人都希望自己的人生有好的收成，例如，農夫希望五穀豐收，商人希望一本萬利，莘莘學子希望成績優異，孜孜矻矻行者希望早得安心。要想豐收，就必須先要付出努力，所以「豐收之道」有四點：

第一、欲得穀食，當行耕種：古人說：「風雨以時，則五穀豐稔。」想要五穀豐收，就必須耕種。只要春耕、夏耘，秋天必有積穀存糧，自然也就不愁嚴冬來臨。同樣的，文人在稿紙上耕耘，焚膏繼晷，寫下心血；老師在黑板上耕耘，循循善誘，百年樹人；甚至禪者念念相續在心地上耕耘，也無不希望打破迷惘，安住身心。

第二、欲得富貴，當行布施：富貴，讓人覺得生活安適，這是人人所追求的。但是，欲得富貴，必先播種；富貴的種子，就是布施。所謂「如是因，如是果」，你不給人，別人當然也不會給你；你不付出，也難以有所獲得。所以，布施如播種，有了布施的因，才有富貴的果。

第三、欲得長壽，當行慈悲：一般人總喜歡到神明、菩薩前面拜拜，祈求福祿壽喜。其實，神明、菩薩、佛祖，他不會給我們福壽，只有自己可以給我們自己。我悅服眾生，我尊敬生命，我尊重別人，我給人方便，我當然就會長壽。人的壽命，也不只是求得身體上的長命百歲，主要是指延續慧命。所謂：「求福當求永久福，增壽當增無量壽。」我們在肉體的生命之外，還有很多生命，如語言、功德、事業上的壽命；能為自己留下歷史、為社會留下慈悲、為人間留下美好，這些都可以讓我們更加的長壽。

第四、欲得智慧，當修般若：有人希望聰明、智慧，但聰明不是上天所賜，也不會憑空而得。想得到聰明智慧，就要修習般若。般若是我們的自性，是我們的本來面目，是一切智慧的根本。修般若就是修心，心一明，一切皆懂；般若，可以說是人生的寶藏。

因此，人不僅希望獲得外在物質的豐收，更應該耕耘內在的精神世界，那才是恆久不失的「豐收」。

「豐收之道」有四點：

- 第一、欲得穀食，當行耕種。
- 第二、欲得富貴，當行布施。
- 第三、欲得長壽，當行慈悲。
- 第四、欲得智慧，當修般若。

取財之道

中國人每逢過年，見面第一句話就是：「恭喜發財」，一般的商家大都供奉「財神爺」，甚至居家生活也總是說：「和氣生財」，可見財富為大家所追求。然而「君子取財，取之有道」，如何才是「取財之道」？有四點看法：

第一、非份之財不可貪：古人說：「清酒紅人面，財帛動人心。」說明財富吸引人之處。中國人講「不義之財莫取」，佛教也以「毒蛇」形容非份之財的危險。所謂「孰以顯廉？臨財不苟。」不是應得的財富，即使得到，也會惹來無妄之災，所以非份之財不要妄求。

第二、份內之財不浪費：祖傳的產業、所得的薪水，這都是份內的財富。份內的財富是自己的，可以自由運用，但是也不能任意支度。荀子的〈富國〉說：「明主必謹養其和，節其流，開其源，而時斟酌焉。」國家如此，個人也是。財富好比流水，流水一去不回頭，用了一個就少一個，所以要「量入為出」，不必要的開銷，就不能隨便浪費。

第三、勞力之財不自卑：有的人不喜歡用勞力賺錢，覺得勞力的工作卑賤辛苦，收入微薄，為此感到不好意思。事實上，孔子說過：「吾少也賤，故多鄙事。」一個人即使擔任清潔工作、在家裡做代銷、送報紙、打零工……，以此貼補日用，養家活口，這是辛苦所得，雖然是小錢，卻是光明正大，坦坦蕩蕩，更加難能可貴，理所應得，不必為此而感到自卑。

第四、智慧之財不荒廢：有的人用自己的智慧、技術、能力來獲得財富。比如：刻一個圖章、設計一棟建築、畫一幅圖畫、發明新的專利，其所獲得的財富，可能比別人薪資所得還高。這種智慧財富，可以自利，也可以利人，不過也要好好用在適當的地方，否則用在無義之處，徒然浪費，那就很可惜了。另外，信仰、精進、持戒、聞法、喜捨、智慧、慚愧，這七聖財能滋潤眾生，為眾生長養慧命之資糧，更要積極培植。

財富的意義，不在金錢的堆砌，或是帳戶數字的增加。財富是為光亮生命的內涵，是為造福人類的工具。有錢是一種福報，懂得正確取得錢財、使用金錢，這才是一種智慧。所以，四種「取財之道」值得參考：

第一、非份之財不可貪。

第二、份內之財不浪費。

第三、勞力之財不自卑。

第四、智慧之財不荒廢。

感化之道

在這個世界上，很多惡事一旦發生，都要靠法律來制裁；但是在宗教裡，對於人間的種種不善，則是用感化來對治。法律制裁於已然，宗教則能防範於未然。關於「感化」之道，有四點：

第一、以慈愛來感化怨恨：社會上有一些人，只要稍有不順就怪你怪他，心中充滿了怨恨，充滿了不滿；殊不知自己的一生，是多少人的成就，他不但不知感恩父母的養育、老師的教導、親朋的扶持，乃至社會福祉的照顧，反而心生不滿。對於這種凡事怪人，不懂自我反省的人，倘若一味採用教訓、懲罰的方式，只會更造成他的反感，因此，唯有以慈愛才能感化他，「以慈化導」才能消弭怨恨。

第二、以養正來感化邪惡：世間上也有不少人為了功名利祿，不惜一切的中傷別人，甚至心存邪惡的念頭，對人不懷好意，儘做一些損人利己的事。對於這樣的社會人心，唯有人人「養正」，也就是從每個個人自我

健全做起，自己要有道德，自己要肯犧牲，自己要肯奉獻，人人都能奉行「八正道」，以正道來感化邪惡，才能導正社會風氣。

第三、以施捨來感化吝嗇：在我們身邊，不容諱言，有很多慳貪、吝嗇的人，即使給人一點小小的協助都不願意，正是所謂「拔一毛以利天下，吾不為也！」其實這是一個同體共生的世界，幫助別人就是幫助自己；假如淪落到你不幫助我，我也不幫助你，這將成為什麼樣的世界呢？因此，對於吝嗇的眾生，要讓他認識布施的真意，讓他了解布施如播種，唯有肯得布施結緣，才會更有福報。

第四、以真誠來感化虛妄：生活裡，常見有的人為了掩飾自己的錯誤而說謊，有的人為了獲取一己的利益而詐欺。說話或行為虛妄不實的結果，造成人際之間的紛爭，乃至影響國家社會的秩序，所以「誠信」是個人立身處事之道，也是國家社會安定之基。如《中庸》說：「誠者，天之道也；誠者，人之道也。」誠是做人的根本，誠以待人，則人能被感動；誠以處事，則能大公無私，因此我們要以真誠來感化虛妄。

面對世間上每天所發生的惡人惡事，不是只有大動干戈、拳頭相向才能解決，一個人要有容人的雅量，能以道德來感化別人，才能建立祥和的社會。

所以，感化之道有以下四點：

- 第一、以慈愛來感化怨恨。
- 第二、以養正來感化邪惡。
- 第三、以施捨來感化吝嗇。
- 第四、以真誠來感化虛妄。

更新之道

枝頭新綠，園丁欣慰；開春新雨，農夫歡喜。新生命讓人迎接，新鮮人受人矚目；因為「新」，帶來期盼，帶來希望。所以，企業經營要別創新格，物品生產要推陳出新。我們一個人也要不斷的更新，思想要更新，做法也要更新；不斷更新的人，才會有進步，墨守成規、抱殘守缺的人，難以開創新局。我們如何更新呢？更新之道有四點：

第一、要有新觀念，迎接新生活：觀念會影響一個人的行為，行為會表現成為生活方式。一個人的財富多少、成就大小，往往也會受到觀念所左右。觀念保守執著，限制了人生的進展；觀念靈活正向，就會有不同的契機。舊的觀念不改，難以配合時宜；有了新的觀念，才能迎向未來，才會有發展。因此，我們要迎接新時代，就要用新觀念來開創新生活。

第二、要用新精神，從事新事業：我們的精神不斷的更新，事業才會不斷創新。人類從過去「畜牧時代」到「農業時代」，再到「工業時代」，近代的「高科技資訊」時代，乃至未來急速發展的「奈米科技」來臨。無論你從事什麼事業，你要有新精神，隨著時代腳步更新，才不會被淘汰。

第三、要有新知識，化

導新時代：現代是一個資訊爆炸的時代，知識不斷的更新，科技不斷的進步，醫學研究不斷針對各種病源，想要找出特效藥，甚至哲學思想也不斷的出現新理論。無論什麼人，都要積極吸收新知，誠如高希均教授所言：「在『知識經濟』的大環境中，每個人必須不斷閱讀；在『學習世紀』的大環境中，每個人必須要不斷學習。」有了新的知識，你才有影響力，才能化導新的時代。

第四、要有新作風，處理新環境：所謂「新官上任三把火」，這不見得是壞事，因為表示有執行力、有新作風、有開創未來的魄力。新作風，才能處理老問題，才能去除舊包袱，創造新環境。領導人有新作風，部屬也要有棄舊圖新的接受度，才能彼此配合，帶來新的格局、新的氣象。

犯過的人改過自新，令人讚佩；初發心的菩薩道心虔敬，給人讚賞；

參禪者也要不斷的更新，不斷的淨化，不斷的昇華，才能一天一天接近「悟」的境界。十九世紀日本「明治維新」後，上下耳目一新，走上現代化國家；二十世紀初，美國杜威博士就已喊出：「重新估定價值」；我國教育家羅家倫先生也呼籲，要有新思想，要做「新學生」。所謂「流水不腐，戶樞不蠹」，到了二十一世紀的現代，我們怎能不走上「更新之道」呢？

更新之道有四點：

第一、要有新觀念，迎接新生活。

第二、要用新精神，從事新事業。

第三、要有新知識，化導新時代。

第四、要有新作風，處理新環境。

相處之道

如何與人相處？這是人生一個很重要的課題。有的人不善與人相處，走到那裡都不受歡迎，甚至不但不得人緣，還到處受人排擠，障礙重重，自然感到凡事都不能順心如意。反之，善於與人相處的人，處處逢源，處處方便，到處都有貴人相助。所以，如何與人相處的這門學問，每個人都應該用心學習。有四點意見提供：

第一、了解別人是群我之道：我們與人相處，最重要的是「了解」別人。所謂「知己知彼」，對於別人的性格、習慣、需要，我都能了解，才能成為知交。春秋時代的管仲和鮑叔牙，所以能結成「管鮑之交」，主要就是他們相互知心、相互了解。但是反觀現在的社會，有很多夫妻、戀人之間，常常因為不了解而結合，因了解而分開，總是令人感傷的事。所以，我們應該因了解而結合，因了解而相互幫助，相互體諒，這才是群我相處之道。

第二、寬容別人是和睦之道：人和人能夠認識、相處，就是有緣，既然有緣，就應該和睦相處。和睦之道，在於一顆寬容的心。例如，當別人有不合己意的地方，你要包容他；當別人與自己有意見衝突的時候，你要寬容他。所謂「有容乃大」，就像大地普載萬物，大地才能給人讚美；虛空能包容萬物，虛空才能成其大。所以我們要讓自己偉大，應該學會對別人寬容，這也是人際之間的和睦之道。

第三、接納別人是體諒之道：人難免有智愚賢不肖，對於別人的不足、缺失，你能接納他，就是一種體諒之心。有的人對人完全不懂得體諒、包容，一天到晚怪這個人做事太慢，嫌那個人說話不中聽，甚至覺得這個不好、那個不對。對別人完全沒有一點體諒之心，自然心生排斥，當然無法接納。

第四、關懷別人是友愛之道：人都希望獲得別人的關懷，尤其當失意、困難的時候，適時表達一句關懷的慰問、提供一個關懷的協助，可以激發人的信心、重燃希望。關懷別人，就是表達善意，你能不吝關懷別人，一定能獲得對方的友誼，所以關懷是彼此友愛之道。

一個人要有未來、要有前途，群我關係一定要相處融洽，一定要主動去關懷別人，能感受別人的存在，自己才能存在。所以人與人相處之道有四點：

- 第一、了解別人是群我之道。
- 第二、寬容別人是和睦之道。
- 第三、接納別人是體諒之道。
- 第四、關懷別人是友愛之道。

保養之道

機器用久了，要上油保養，人的身體也要時時運動，用心保健。甚至我們的心靈也要修養，我們的器量也要養成，所以社會上有各種養生、養心、養性、養量之道。關於身心的保養之道，有四點看法：

第一、清淡的飲食為養身之道：飲食是資養色身不可少的要件，所以人每天都要吃飯。甚至為了保健，除了三餐以外，還有各種食補、藥補。但是，吃得好、吃得多，造成營養過剩，不見得對身體有益；每日三餐，重要的是要定時定量，要吃得均衡，尤其清淡的飲食，不會造成腸胃的過分負荷，反而有益健康，所以現在很流行素食。

第二、良好的書籍為養心之道：人的身體要有充足的營養才能常保健康，心靈也要有養分的滋潤才不會枯竭。心靈的營養是知識，知識主要來自書本，所以人每天都要讀書。所謂「一日不讀書，言語乏味；三日不讀書，面目可憎。」讀書求取知識，可以變化氣質、淨化身心，讓自己透過讀書而明理知義、通情達理，甚至對人生的迷惑、疑問，都能夠心開意解，所以讀書是養心之道。

第三、尊重與包容為養量之道：一個人的心量有多大，成就就有多大，所以人要養量。古人有謂「宰相肚裡能撐船」，政治家要有包容心，尤其現在民主時代，政治人物更要有包容異己的心量，如果你不能包容異己，別人也不會容許你存在。度量的養成，就是要有尊重與包容的心，能夠包容不同的人、不同的事，彼此和平共存，才能養量。

第四、歡喜與融和為養緣之道：世間一切都是靠眾緣和合才能成就，所以人要廣結善緣，才能在社會上立足、存在。一個樂觀進取、歡喜與大眾在一起的人，才能融入人群，才能與人結緣，所以養成歡喜的人生觀，有歡喜的性格，用歡喜可以培養因緣。例如，說話給人歡喜，與人結個歡喜緣，乃至歡喜施捨、歡喜助人、歡喜給予；經常給人歡喜，就能夠廣結人緣。

做人要善於養身、養心、養量、養緣，人生的路才能走得平順，所以四種保養之道，提供參考：

第一、清淡的飲食為養身之道。

第二、良好的書籍為養心之道。

第三、尊重與包容為養量之道。

第四、歡喜與融和為養緣之道。

修養之道

每一個人都希望自己留給人「很有修養」的印象，有的人被認為沒有教養，不僅是自己的恥辱，也意謂著「家教」不好，間接地讓父母沒有光彩，所以人要注意自己的修養。怎麼樣才算有修養呢？有四點意見：

第一、謹言行以寡過：「謹言慎行」是修身的第一步，也是處世要道。所謂「禍從口出」，有的人因為逞一時之快，一句話說得不當，惹來殺身之禍。所以，做人要想免去無妄之災，首先應該注意不可隨便說話，更不可以率性行事；當你的言行都能合乎道德、合乎慈悲、合乎正直，就不會有過失，這是做人第一修養。

第二、節飲食以養身：人的疾病，絕大多數都是由於飲食不當所引起，例如吃得太多，造成消化不良等腸胃病，乃至現代人吃得太好，營養過剩，形成肥胖症，甚至膽固醇過高、糖尿病等百病叢生。所以，在佛教裡主張「少食為良藥」，甚至主張「不非時食」、「過午不食」。

我們看到過去大陸文化大革命時，人民雖然貧窮，很多人三餐都難得吃飽，但是大陸很多人都很長壽，八、九十歲，甚至百歲人瑞多不勝數，可見得少食有益健康，所以節飲食可以養身。

第三、耐煩勞以盡職：一個人有沒有修養，就看他耐不耐煩。有的人事情一多、工作一累，就無端地亂發脾氣；因為他不耐煩、不耐勞，所以成不了大事，當不了主管。反之，有的人凡事接受，他能耐煩、耐久、耐勞、耐苦，為了克盡自己的職責，為了要把事情做好，為了對主管有所交待，為了不愧對自己的良心，這就是修養之道。

第四、慎喜怒以平氣：「喜怒不形於色」，這也是一個人莫大的修養。有的人沉不住氣，歡喜的時候，大呼小叫、歡天喜地，恨不得天下人都知道他很開心；有時候煩惱了，他就遷怒、生氣、找人麻煩，這都是沒有修養。所以真正有修養的人，不管喜怒，都能心平氣和，這是很大的修養。

修養是從日常生活中表現出來的自然行儀，要靠平時的養成。所以「修養之道」有四點：

- 第一、謹言行以寡過。
- 第二、節飲食以養身。
- 第三、耐煩勞以盡職。
- 第四、慎喜怒以平氣。

對治之道

世間上的問題層出不窮，不但有人的地方就有問題，而且常常為了解決一個問題又再衍生出另一個問題，所以解決問題，唯有「對症下藥」、「根除病源」，才可一勞永逸。例如，「救寒莫如加裘」、「止謗莫如靜修」、「棄惡莫如揚善」、「離過莫如積德」，都是有效的「對治之道」。說明如下：

第一、救寒莫如加裘：每年寒冬，一般的寺廟、慈善團體，都會舉辦「冬令救濟」。所賑濟的物品，除了金錢、米糧以外，總少不了棉被、大衣等禦寒的衣物。因為天寒地凍，衣裘最能送暖，此所謂「雪中送炭」、「寒冬送衣」，最是溫暖人心。

第二、止謗莫如靜修：現代的社會講究言論自由，但另一方面又常因言論失當，引發「毀謗」官司。其實，一個人所以遭人毀謗，多數都是因為表現太好，遭人嫉妒，所謂「譽之所至，謗亦隨之」，譽與謗常常「如影隨形」。因此，一個人當受人批評、毀謗的時候，切忌跟他舌戰、辯駁，或是打官司、控告對方，這都不是很高明的辦法。最好就是閉門自修，冷靜以對，最後是非自然止於智者。

第三、棄惡莫如揚善：佛經講「諸惡莫作，眾善奉行」，不做惡是消極的止持戒，能夠起而行善，才是菩薩道所應奉行的作持戒。尤其對於一個曾經壞事作盡、惡名昭彰的人，雖然良知發現，改過遷善，但是因為過去所造的罪業還是存在，所以必須多做善事，以行善培福來消弭罪業。行善就像是在田地裡施肥、灌溉，一旦禾苗長大、茁壯，下面縱有一些雜草，也起不了作用。

第四、離過莫如積德：「人非聖賢，孰能無過；知過能改，善莫大焉。」一個人有心改過，必須下定決心，積極以行動來利益世人。所謂「立功、立德、立言」，能夠建立古今聖賢一致推崇的三不朽事業，必然仰無愧於天，俯無怍於地。

人生在世，時刻都要小心謹慎地修養身心，同時要有因應問題的智慧與辦法，因此四點「對治之道」，提供參考：

第一、救寒莫如加裘。

第二、止謗莫如靜修。

第三、棄惡莫如揚善。

第四、離過莫如積德。

嚴陵高風圖

千山匝水成千島
水淺江田趣稿好
門下嚴光有素心
濯了魚源江釣澳
赤身傍起已備牢
此地老一生桐江釣澳
羊裘不改當時澳
泥塗軒冕似傍倨
浣武帝式相為道
見星動夕歸江湖
嚴家鄉我似連情訪
祠堂釘斗千揚
伴海萬記山高長
七澤瀟湘碑亦香
祠慶梧靑橫楫舵
早千代陵馮古道
聚之各招又來況今
浣海子後先生匯
赤子錚萋未改政利好
浣偏世若訴披桂
澤伺
乾北富年江中灘
嚴先生祠堂記
范文元黄記畔伯
松石印處与不泉水□

用心之道

每個人天天都要用心，用心讀書、用心做人、用心做事，舉凡「舉心動念」，都是在用心。只是，我們可曾檢視過自己的心，我們是如何在「用心」的呢？我們是把心放在金錢上呢？放在愛情上呢？放在名利上呢？或是把心放在人我是非上呢？如果「用心」不當，後果就不堪設想，所以我們應該注意「用心之道」，有四點：

第一、用心寧遠勿近：「人無遠慮，必有近憂」。有的人目光短小，看不到未來。他眼中所見，只有一時、一地、一人、一物；心中所想，只有一時的安樂、一時的利益。這種人容易貪小便宜，因小失大。所以，我們要怎樣用心呢？心要想得遠，要想到三十年後、五十年後的未來。甚至要知道，生命不是只有一世，我們不能只想到今生，還要看得到來生。一個人的眼光能看得遠，生命才有未來、才有希望。

第二、用心寧廣勿狹：做人心胸要寬廣，所謂「心包太虛，量周沙界」，你的心量愈寬大，包容的愈多，成就必然愈大。所以，一個人的眼光不能只有看到我的家庭，還要有社區；不能只看到自己的利益，還要有國家觀念。甚至不能只看到國家，還要有世界；乃至不只看到我們的世界，還要看到無邊的法界。能夠開闊心境、放寬眼界，世界就愈大，生命也就愈豐實。

第三、用心寧深勿淺：一棵大樹，根要紮得深，枝葉才會茂盛；山裡的礦產，愈是埋得深，質地愈純淨。做人，經過養深積厚，才有內涵；有內涵的人，出言吐語都會經過深思熟慮，自然不會被人譏為膚淺、淺見。

所以，人生處世，做人不能心機太深，但是做事要用心思考，所思所想要能「橫遍十方，豎窮三際」，尤其要往自己的內心深處去發掘，才能把自家的寶藏開發出來。

第四、用心寧大勿小：每個人的出身，雖然家世背景不同，乃至智愚、貧富等立足點也不平等。但是，個人前途的創造、人格的養成，不必然受限於先天條件的限制。有的人儘管資質魯鈍，只要肯發大心、立大願、做大事、利大眾，也能創造出一番偉大的事業，開展出自己不平凡的一生。反之，有的人儘管智商很高，聰明才智加上祖蔭家產富厚，但是如果只是用心於一己之利，其人格、成就也是可想而知。所以，做人用心要大，千萬不要因為小心眼而拘限了人生的發展空間。

《勸發菩提心文》說：「金剛非堅，願力最堅；虛空非大，心王為大。」我們每一個人都有一顆寶貴無比的心，千萬要好好善用它。所以「用心之道」有四點提供參考：

第一、用心寧遠勿近。

第二、用心寧廣勿狹。

第三、用心寧深勿淺。

第四、用心寧大勿小。

為將之道

《孫子兵法》裡提到：「兵者，國之大事，生死之地，存亡之道，不可不察也。」國家的安全，需要由軍隊來保衛，而軍隊的訓練領導，則需要有將領的指揮、帶頭；所謂戰略、戰術，戰場上的武德十分重要。同樣的，一個團體、機構的發展，也與他的領導人息息相關。如何成為一名將領呢？以下說明「為將之道」：

第一、體能不健，不可以為強將：我們無論做哪一項事業，不但要有智慧、才能，同時還必須具備強健的體能。你看，能征慣戰之將，他們的身體、相貌，都是雄赳赳、氣昂昂，如果不是訓練有素，怎麼能有軍人的威武架勢呢？所以強將要有強健的體魄，有要強健的意志，要有強健的戰鬥力，才能成為一名強將。

第二、進退不明，不可以為勇將：戰地裡的勇將不只要會打勝仗，縱然打了敗仗，也要懂得如何撤退。身為領導人，不能知曉進退，是無法稱得上是勇夫。諸葛亮愛將馬稷，由於恃才傲物，只知進不知退，導致戰爭失利，全軍覆沒，幾乎動搖蜀國的根基。所以進退也要有道，才能成為真正勇將。

第三、兵法不熟，不可以為大將：不懂兵法，不會領兵，不知戰略，怎麼能做一個將軍呢？即使在一般的團體裡，對於領眾方法、辦事效率，不能透徹，也是無法知天時、識地利、利人和、善進退，更不能成為一名大將。

第四、歷練不足，不可以為名將：無論是文臣武將，學術、理論一定要通徹精淳，並且能知行和一，行解並重。人稱「軍事天才」的拿破崙，也是經常苦讀世界各國戰史，精研兵書。當他領軍作戰時，將之運用，並且面對困難，接受挑戰，如此才能造就功勳大業。

人生的旅程上，我們要作健將，要作勇將，要作大將，要作名將，以下四點為將之道，是必須切實做到的。

第一、體能不健，不可以為強將。

第二、進退不明，不可以為勇將。

第三、兵法不熟，不可以為大將。

第四、歷練不足，不可以為名將。

致勝之道

學生參加考試，希望贏得高分；選手參加比賽，希望獲得勝利；商人從商，希望賺取利潤；國家經濟發展，希望展現國力。所謂「贏在起跑點」，要想達到理想，一切都要先有計畫，如何才能得勝呢？「致勝之道」有四點參考：

第一、傑出最需要的是創意：現代社會發展迅速，故步自封的人往往跟不上發展的腳步。科學家為了因應時代，不斷創造發明，為人類生活帶來新氣象；製造商為了促銷產品，不斷改良創新，以致供需能平衡。你想要出人頭地嗎？你想要高人一等嗎？最重要的就是要有創意，觀念要時時調整、思想要經常更新、人品要常求進步，有創意才能為生命注入活水。

第二、成功最需要的是努力：我想成功，你想成功，他也想成功，卻不一定人人都能如願成功。柏拉圖曾說：「成功的唯一秘訣，就是要堅持到最後一分鐘。」一個人所以能成功，不是光靠聰明伶俐，或是談吐如流，而是需要努力和堅持，需要精進向前的毅力，需要不懈怠、不因循的意志力，如此付諸行動，才是成功最大的關鍵。

第三、支持最需要的是群眾：一件事情的完成，需要大眾共同支持成就，孤軍奮鬥的模式，已經不適用於當前發展迅速的時代。好比一場精采的演出，需要觀眾的鼓勵肯定；一場激烈的球賽，也要球迷的加油喝采；乃至民主國家，上至領導者，下至民意代表，都需要群眾支持的力量。同樣的，事業要能成功，主事者也要有能力讓決策獲得廣大員工的支持，才能凝聚共識，共同努力。因此，平常的廣結善緣很重要，真心待人處事，才能得到群眾的支持。

第四、合作最需要的是信任：人與人合作，最重要的條件就是互信互賴，你相信我，你才敢跟我合作；我相信你，我才願意和你配合。就像員工信任主管，才會投入工作；主管信任員工，才會大膽用人。信任不能只是一句空話，信任感的取得是來自言行一致。因此，平時做人處事，就要重視人格道德，就要公平公正，建立雙方的誠信，才能增進良好的合作關係。

循著勝利的原則行事，才能成功在望。「致勝之道」有四點：

- 第一、傑出最需要的是創意。
- 第二、成功最需要的是努力。
- 第三、支持最需要的是群眾。
- 第四、合作最需要的是信任。

學問之道

佛教裡面的青年學子，要經歷訪師尋道的過程以增廣見聞，才能獲得學問，這個過程叫做參學。好比我們現代人除了正規的教育之外，還要繼續留學深造，或是四處參問學習其他學識，方為有學問之人。

尤其處於現代社會，無不講究專業知識與專門技術。科學家還分為生物科學、電訊科學、星際科學、奈米科學、DNA複製科學等等。這些林林種種專業學問的獲得，是人類精神、潛能、毅力的開發。學問之道，茲有四點意見：

第一、學問之道，能問則得：「學問」之首在於發問。有如叩鐘，大叩大鳴，小叩小鳴，不叩不鳴；同樣地，學習必須向人謙虛請益、叩問，才能獲得長輩、大德的教授。例如，佛教因為有須菩提尊者的發問，才能留下令人千古傳誦的《金剛經》；禪宗祖師啟問「什麼是本來面目？」、「何謂祖師西來意？」

「念佛是誰？」讓學生向內心自問自參，直至機緣成熟，而豁然意解，妙得於心。

然中國人受傳統禮教觀念的箝制，以填鴨式的教育灌輸於下一代，並沒有得到禪宗思想教育的啟發，所以，學生不敢發問，更不懂得怎樣問，如此學不到思考、辯解，又怎能進步呢？所以，學問之道，能問則得。

第二、學問之道，能聞則知：聽聞，是獲得學問的途徑之一。由聽聞知道理，由聽聞去除惡事，就如容器受水，土地植種，應離不當的過失。例如，對於師長的教授，如果不用心，就等於將茶水倒在茶杯的外面；或以貢高我慢的態度，將茶杯傾覆，讓茶水倒不進去；亦或是聽聞之後，轉頭即忘，等於茶杯漏了，那裡能裝水呢？

第三、學問之道，能思則明：所謂「以聞思修入三摩地」，思考，可以讓一個人理路清晰，明瞭；依理思維，可使學人發生智慧，所以參學之後，要不斷的思考，思想才能深入。

第四、學問之道，能用則深：參學所得到的知識道理，要靈活運用，方能產生力量。例如，在老師那裡聽聞「慈悲」，就要將慈悲用來感染人間，增加人生的善美；學了禪定，在日常生活中，就要將禪定用來待人接物，自我觀照；問道於前人所得到的智慧，就要用來行佛，利濟群生，才能發揮學問的作用。所以「學問之道」，有四點：

第一、學問之道，能問則得。

第二、學問之道，能聞則知。

第三、學問之道，能思則明。

第四、學問之道，能用則深。

用書之道

古人說：讀半部《論語》可以治天下；閱《資治通鑑》能夠知古今；《二十四史》道盡天下的興亡；三藏十二部佛教典籍，敘述了宇宙人生的真理，可見得「書」的重要。

人應該要讀書，不讀書則不知仁義。古來的讀書人自我反省，「讀聖賢書，所學何事？」無非是勉勵自己，也能躋身聖賢之流。所以，人不僅要會讀書，還要會用書，用書之道，有四點：

第一、藏書不難，能看為難。現在有很多人，收藏了很多書，尤其那些發了財的人家，在酒櫃之外，還要加設書櫃，收藏一些名家的著作，以附風雅，方能堪稱書香世家。所以藏書不難，卻以能看為難。

第二、看書不難，能讀為難。有些人看書，走馬看花，隨意瀏覽；或是漫不經心，貌似閱覽，卻妄想紛飛，心猿意馬。若能將書中真義讀出來，真正深入了解卻很不容易，所以看書不難，能讀為難。

第三、讀書不難，能記為難。縱使會讀書，也能了解，但是記不得，隨看隨忘，隨讀隨遺，亦不能達到讀書的效果。所以讀書不難，以能記為難。

第四、能記不難，能用為難。有很多學者，以速讀的方式閱讀，在博聞強記之下，贏得博學多聞，聰明巧慧的美名。雖然口若懸河，叨叨不絕的倒背如流，但是不會運用，沒有融會貫通，不能善加運用，即使讀了許多書，對於自他也是沒有什麼利益的。

古德云：「一冊經卷滿馨香，法味供養最富足。」「人抬人萬丈之高，書抬人無價之寶。」韓愈也說：「一時勸人以口，百世勸人以書。」在在說明以著書立說來利益人間，是書的最妙之用。

所以我們讀書要緊的是不但要藏書，而且是要能看書，能看書還要能讀書，能讀書之外還要能記書，記書以後還要能運用書。將書本融入生活，把知識化為智慧，以處理人世間的諸多問題，那麼這個書才有用。其實，我們自己身心的當體就是一本書，所謂「不讀自身，不曉得失；不讀自心，不知妙處。」

雖然，用書之道有四難，但是若能做到「以滿腹經綸代替胸無點墨；藏書千冊代替腰纏萬貫；以文會友代替酒肉朋友；書香社會代替功利社會。」仍不失「用書之道」。

用書之道，有四點：

第一、藏書不難，能看為難。

第二、看書不難，能讀為難。

第三、讀書不難，能記為難。

第四、能記不難，能用為難。

治心之道

中國人有一句話說：「藥石醫假病，真病無藥醫。」所謂的真病，指的就是心病。我們的心有貪瞋癡慢疑的煩惱疾病需要轉換、淨化和調伏。以下提供八個治心方法，供吾人參考：

第一、以靜心對動心：現代人普遍患有浮躁不安的通病，終日恓恓惶惶，不知生活的目的為何，如果能每天有一點寧靜的時間，透過禪坐思惟觀照，必能滌清塵慮，引發智慧。

第二、以好心對壞心：我們的心，時而聖賢，時而魔鬼，載浮載沉，好好壞壞。好心一起，萬事如意；惡念一生，萬障門開。因此我們要摒除壞心，攝持正念，泯除自他之對待，培養慈悲喜捨，便能以好心對治壞心。

第三、以信心對疑心：懷疑是根本煩惱之一，世間上有不少悲劇導因於猜疑；疑念一起作繭自縛，人我猜忌，如高山阻隔，見不到真實之自他，因此我們要學習以信心調伏疑心的毛病。

第四、以真心對妄心：我們的心念妄想雜亂，必須以正念來對治妄念，以無念來對治正念，無念即是泯除差別，平等一如的真心。意即：「心中有佛離心念，念得心空及第歸。」

第五、以大心對小心：所謂「百川入海，同一鹹味。」「高山不辭土壤，大海不揀細流。」都在說明包容的重要。小，有限有量；大，無限時間空間。

第六、以無心對有心：虛空之所以為大，正因為空無。待人處世別有用心則心有牽繫，無心則不為一切萬法所繫。如果能以無心對治虛妄執著，便能享受隨緣放曠，任運不繫舟的逍遙。

第七、以恆心對變心：「人心惟微，道心惟微。」我們的心如同水上打毛毬，生滅不停，對這個無常的心念，我們要以恆心面對，才能不為形役，不為境轉，才能獲致身心的自在。

第八、以等心對偽心：揀擇、分別的心使我們的生活偏離正道，煩惱叢生，所以禪宗祖師教示以「等心」來對治「偽心」，也就是日常生活中要以真實、平等的心來待人處世，才能免於受困在妄想、分別的桎梏中。亦所謂「至道無難，唯嫌揀擇，但莫愛憎，洞然明白。」治心之道有八點：

- 第一、以靜心對動心。
- 第二、以好心對壞心。

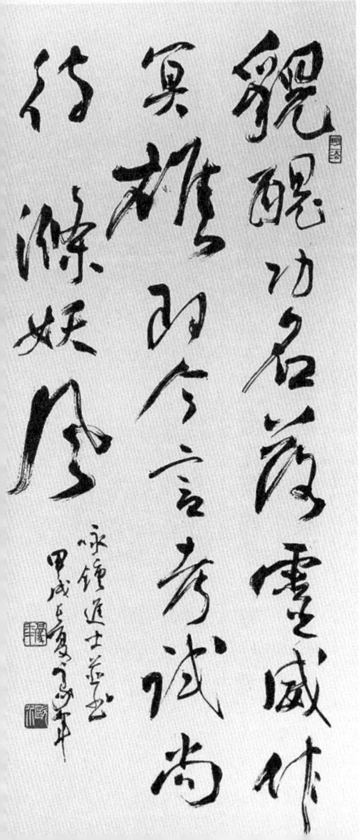

第三、以信心對疑心。

第四、以真心對妄心。

第五、以大心對小心。

第六、以無心對有心。

第七、以恆心對變心。

第八、以等心對偽心。

領導之道

中國人都不希望給人領導，希望能領導別人。然而在家庭，有家長要領導我們；在公司，有董事長、老闆要領導我們；國家、社會上也有許多領導人，如元首、縣市長、鄉鎮長、村里長、鄰長要領導我們。要成為一個領導人，要有領導之道，略有四點：

第一、要能講、能做：做一位領導人，自己不是只能講，卻都叫別人做。自己能講，自己也要能做。中國有句話說：「身教重於言教」，你要以身作則，站在前頭，率先垂範，領導者負有帶動部屬的責任，不能光講不做，自己不能實行的話，跟隨的人久而久之，必定對你能講不能做沒有信心。假如能做不講的話，他也不知道你的意見何在，進而對領導者沒有交集。《論語・里仁》說：「君子欲訥於言而敏於行。」所以對部屬謹言慎行，但言行一致是很重要的。

第二、要無怨、無悔：領導者的行為、態度，時時都受到眾人的矚目。你不能讓跟隨你的人，每天講你的怨言，每天不斷地給你洩氣，甚至讓他每天懊悔，失去勇氣，弄得大家終日不見陽光，只見烏雲蓋天，其成績後果可知。所以做一個領導人要經常樂觀，所謂春風、笑語，慈顏、歡樂一直散播給大家，讓眾人感動，所謂帶兵要帶心一樣。

第三、要有慈、有智：領導人要有慈悲心，所有部屬的問題要能解決，所有公家賦給我們的責任也要能解決。要用慈悲心對待一切，你不能做事都與人為敵。過去我們常講「服務為做人做事的根本」，慈悲是給人快樂，用同理心去設想對方、體諒對方，用柔軟心對待對方、協助對方。

還要加上智慧，既然做為一個領導人，要懂得策劃，懂得安排，懂得方法，懂得前後的因果關係。所以在佛教裡面，要能「橫遍十方，豎窮三際」就是要能在時空關係、上下人等，都要能夠周全圓融，普遍十方。

第四、要不私、不傲：不要自私，不要只顧自己，有己無人，不能讓人甘心效命，凡事先想到部屬，對應得報酬慷慨給予，何愁不唯命是從？做人不要太傲慢，太傲慢，人家感覺到你很官僚，往往與人難合，這樣凡事都不易做通，謙虛對待、親和關懷，不盛氣凌人，不居高臨下，則更加方便、更能得到部屬群策群力，同心效力接受領導，給人利益則無往不勝。

好的領導之道是採取積極行動，以身立則，胸懷寬廣，豁達大度，去改變部屬生活與工作的現實，激發他們的效能。「領導之道」供為參考：

第一、要能講、能做。

第二、要無怨、無悔。

第三、要有慈、有智。

第四、要不私、不傲。

治家之道

中國古來聖哲、賢人，均強調家庭教育的重要。像顏之推《顏氏家訓》、朱柏《治家格言》，甚至曾國藩的《曾文正公家訓》等，都被認為是讀書修身、治家之道的寶典。佛陀時代，須達長者娶媳婦、女兒，對象希望是有同樣信仰的佛教徒。還說：「沒有皈依三寶的人，請不要投生在我的家庭裡。」可見，以信仰傳承也是一種治家之道。主要「治家之道」有哪些呢？

第一、妻女無妒則家和：俗語云：「一個廚房容不下二個女人。」其實，家庭裡的妻、女、姑、嫂，相處之道要彼此「跳探戈」，對方進一步，自己就退一步，和平禮讓，恭敬淳謹，不要嫉妒、多生是非。因為嫉妒如火，能燒毀一切。所以家庭的最大道德，就是不要相互嫉妒，這一個家庭自然和諧。

第二、兄弟無偏則家興：家庭中，兄弟姐妹的思想、意見、看法，要合於中道，不要太過偏頗、執著。更不能為了爭取家庭中的地位、財產，而演出兄弟鬩牆的不幸事件。所謂「苦瓜雖苦共一藤，兄弟雖愚共一心」，兄弟團結無偏，家庭才能興隆。

第三、上下無縱則家尊：家庭中，無論長輩、晚輩不可縱情縱欲，要依理遵法，家庭才會有尊嚴。曾國藩在朝為官，權重一時，卻經常關心家中兄弟、子姪的生活情況。他特別寫信告誡大家，不可流於「驕」、「佚」，因為「驕、佚」是敗家之道。因此，一個家庭要有尊嚴，必須上下無縱。

第四、嫁娶無奢則家足：婚姻嫁娶是家庭的大事，難免慎重其事。所謂：「嫁女擇佳婿，毋索重聘；娶媳求淑女，勿計厚奩。」人品的良好端正，才是重要，至於禮節，則不可太過奢華、浪費，家庭就會富足。

第五、農工無休則家溫：農工之家能勤於耕作、勞務，不懶惰、不懈怠，家庭自然溫飽無缺。現今的工商社會，也不一定指農工之家，只要從事正當事業，都要勤勞勉力，你不遊樂、不偷懶，就不怕經濟不景氣，即使開個小麵攤，都能夠讓家裡的大小衣食溫飽。

第六、祭祖無忘則家良：慎終追遠，是中國人的傳統美德，是子孫對先人懿德的緬懷紀念；有時也會遇到鄰居、親友喪祭之事，這時也要適時協助、給予慰問。一個家庭，不忘記祭祖之誠、不忘失喪祭之禮，必定是一個良善的家庭。

「治家之道」有六點，不可不知：

- 第一、妻女無妒則家和。
- 第二、兄弟無偏則家興。
- 第三、上下無縱則家尊。
- 第四、嫁娶無奢則家足。
- 第五、農工無休則家溫。
- 第六、祭祖無忘則家良。

學習之道

生命是一連串學習的過程，在學校裡固然可以學習，在社會上、人我間，更有著寬廣的社會大學。所謂「三人行，必有我師焉」，都有我可以學習的對象、事情。如何參究「學習之道」，提供四點參考：

第一、在苛刻中，學習寬容：受教育的目的之一，就是學習做人處事，我們可以自我反省、自我覺察自己是一個什麼樣的人。如果待人苛刻，就容易沒有人緣，不受人尊敬，做事經常碰壁，也就不難理解了。這時，就必須要學習寬容、厚道及包容。不要一句話就跟人計較，一點小事就與人衝突，能夠苛刻中，學習到包容、厚道，這樣才是做人之道。

第二、在冷酷中，學習溫情：做人很冷酷，或是對人太冷淡，凡是別人的苦難感覺事不關己、漠不關心，當然就沒有人緣，不受人尊敬。這時要學習一點溫情、關懷、愛心，如果能學會給人一點溫情，給人一點關懷，給人一點愛心，那麼就是一個真正富有的人，這世間也會多一些溫暖和情意。

第三、在懦弱中，學習勇敢：許多人感到自己的性格懦弱，不敢說話、不敢承擔、不敢舉手表達意見，甚至不敢站到人前，這都是勇氣不足的緣故。懦弱沒有關係，勇敢是可以慢慢學習的，從小事情做起，從小團體參與，慢慢自我訓練、自我突破，應該說話的時候，要勇於說話；應該做的時候，要勇於承擔；應該見義勇為，就當仁不讓，勇敢就會慢慢增加。

第四、在狡詐中，學習真誠：做人狡詐、滑頭、偷機取巧，這是原於自我的認知不足，自我的信心不夠，才用此種方式來獲取種種利益。所謂「因地不正，果遭迂曲」，這必然受人輕視，受他人的不歡迎、不尊敬。唯有改變自己，學習真誠、實在、信用，才會獲得人家的尊敬，受到人家的肯定。

學習，能使人脫胎換骨，面對生命的頓挫；學習，能讓人接受現實，勇於向缺點挑戰。因此這四點「學習之道」值得窮畢生之力，去認真學習。

第一、在苛刻中，學習寬容。

第二、在冷酷中，學習溫情。

第三、在懦弱中，學習勇敢。

第四、在狡詐中，學習真誠。

處眾之道

人是群居的動物，每個人都是大眾裡的一份子，佛教講「同體共生」，就是彼此相互關連、相依相恃的緊密關係。人與人相處，如何和諧愉悅、皆大歡喜，獲得好人緣？以下六點「處眾之道」可以參考。

第一、語言要溫和：俗語云：「見面三分情」，見面時，要以善意問候來結緣。佛門的「愛語」，就是以溫和禮貌的語言來與人交往，用砥礪人心的語言來給人鼓舞，用關心體貼的語言來與人溝通。一句溫和的話，能得到很好的朋友；一句惡語，可能會讓多年摯友反目成仇。所以，不要吝惜於溫和的語言。

第二、往來要誠摯：「感動，是最美的世界」，要使人感動，銘心不忘，唯有真心與人相待，時時不忘散播歡喜的種子，讓周遭的人感受到自己的誠意。在家對父母感恩，在學校對師長敬重，在社會上對朋友盡義。對大眾和睦，對社會盡心，都是展現對朋友誠摯的互動。誠心如滴水穿石，又如鐵杵磨針，更能化腐朽為神奇。

第三、待人要恭敬：《法華經》裡有位常不輕菩薩，以敬視眾生如佛的普敬法門來修行，使他能授記成佛。「因位如來」的普賢菩薩，也是以「禮敬諸佛」作為修行。所以你恭敬他人，他人也會恭敬你，減少彼此摩擦。「恭敬」實為成就自己與他人最快速的不二法門。

第四、處世要謹慎：在縝密的人際網路裡，言行舉止上容易冒犯他人，也因自己不周全而傷害別人。處世要「停聽看」，「停」是等待，等待機會、等待因緣，是預備力量再出發；「聽」是讓你知道人情世事的好

壞善惡，不聽，怎麼知道好壞對你的影響呢？「看」清目標，才能清楚前途何去何從，沒有眼睛的世界是一個怎麼樣的情形呢？鑑古知今，關羽「大意失荊州」，拿破崙「滑鐵盧之役」，都是過度自信自滿才招致失敗，所以在做人處世上，不可不小心謹慎！

第五、舉止要謙遜：與人相處，禮貌周到，每一個行為舉止要謙遜有禮，虛心表現自己的不足。人人都是值得自己學習的老師，如此才能讓人歡喜、受人歡迎。俗諺說的好：「若要好，大作小。」自己廣結善緣，也能因此學習到更多。

第六、人我要尊重：你比我好，我尊重你比我付出多一分的努力；你比我差，我尊重你為了成就大眾才甘居於後。人人若能夠尊重彼此的優點，並引以為學習的榜樣，培養寬容的雅量，自己在智慧上也會增長更多。

在社會群體中生活，要能從人際的互動，感受人性真善美的可貴。「處眾之道」無非是要縮小自己，成就他人，在互尊互重互愛之下，自他關係更為圓融。這六點是：

第一、語言要溫和。

第二、往來要誠摯。

第三、待人要恭敬。

第四、處世要謹慎。

第五、舉止要謙遜。

第六、人我要尊重。

覺悟之道

一年三百六十五天，人生百年，就有三萬六千五百天，日子一天天過，要選擇過快樂的一天？還是痛苦的一天？是清明覺悟的一天？還是渾噩愚癡的一天？我們雖然無法決定壽命的長短，卻可以選擇過著清淨自覺的生活。怎樣才是過覺悟的一天？提出四點意見：

第一、以無我觀，覺悟世間假相：一般人執著我，這是我的眼、耳、鼻、舌，這是我的身體。其實，這個都不是我的，身體在時間之流裡，我不能自主；身體在宇宙裡生存，我無法作主，要生病，要逐漸損壞，都無法自我決定。這一個我、身體，是種種的因緣供給我讓我存在。因此我們要以無我觀來看待，無我觀就是因緣觀，種種的因緣和合存在，因緣散滅了，和合的假我也就散滅了，只是一個短暫的存在。如果能徹底覺悟無我，就不會太計較、太執著世間的假相，人生因這樣的覺悟，就會獲得更大的快樂。

第二、以無常觀，覺悟諸法實相：宇宙萬有中，有一個不變的原理，就是無常，無常是指一切遷流不息的變化，沒有一個永恆不變東西。常人執著我擁有的物品、親人、名位、財富等，再堅固的物品會有損壞，再親密的親人會有離散，再崇高的地位會有墮落，再多的財富也會有消散。雖然好的變壞了，但是，壞的可以再變好，這種變化，就是無常，是諸法的本來面目。能夠覺悟這種實相，就能看破放下，而擁有更積極、開放的人生。

第三、以平等觀，覺悟理事無礙：這個世間無論男女老少、貧富貴賤，其本性平等，無高下之分；其他有情眾生，無情的山河大地，也都平等。從理上看，世間萬物，其性本空；從事相上看，森羅萬象都是依因待緣而有。

能用平等心觀世間，從理中有事，事中有理來體會，慢慢能達到理事圓融無礙，就能廣納世間。

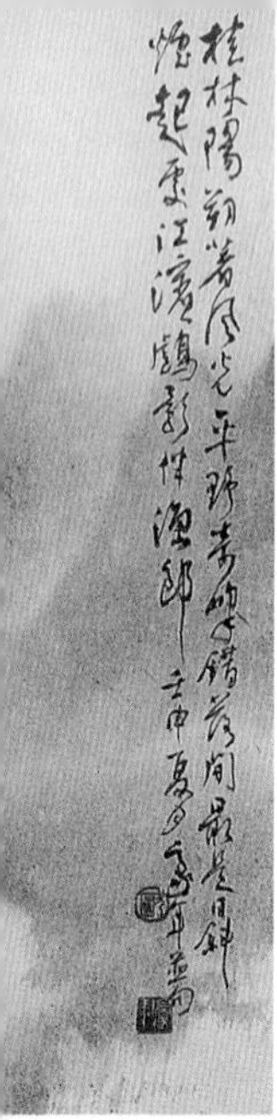

第四、以般若觀，覺悟人我一如：《攝大乘論釋論》說：「由一切眾生一體攝故，我即是彼，彼即是我。」所謂的「蝴蝶效應」：「亞馬遜流域的一隻蝴蝶拍動翅膀，會掀起密西西比河流域的一場風暴。」以般若智慧來看，宇宙是一個生命共同體，一個渺小的事件，也可能具影響性的關鍵，能以般若智，覺悟萬有是同體共生，是

人我一如，就能像布袋和尚一樣：大肚能容，容天下難容之事。

昏昧也是一天，清楚也是一天，同樣過二十四小時，結果卻不可以道理計算。提供這四則覺悟之道，朝著解脫的目標邁進，過一個清明淨覺的生活。

- 一、以無我觀，覺悟世間假相。
- 二、以無常觀，覺悟諸法實相。
- 三、以平等觀，覺悟理事無礙。
- 四、以般若觀，覺悟人我一如。

讀書之道

人在世間上，一定要讀書。從一個人的談吐、氣質、智慧、知識、品德，可以知道這個人所受的教育，雖然知識和人格不一定成正比，然而教育的主要目的就是改變人的氣質，提升人的修養。所以說到教育，就必須要讀書，關於「讀書之道」，有四點說明：

第一、不時的展閱則眼熟：好書，開卷有益。時常的展閱，溫故知新，對於書裡的道理，自然熟悉。正如蘇東坡所說：「舊書不厭百回讀，熟讀深思子自知。」三國董遇也說：「讀書百遍，其義自自見。」好書值得一讀再讀。每次重讀，隨著年齡、生活經驗的增長，另有一種新的體認。

第二、不時的諦聽則耳熟：聽到一曲耳熟能詳的歌，很快地引起共鳴。同樣地，一句話，你會諦聽，可能改變觀念；佛法一句偈，你會諦聽，可能打開啟悟之門；禪門祖師一句話頭，你能聽入內心，就能契入真理。《華嚴經》云：「佛法無人說，雖慧不能解。」因此，無論修學佛法，讀書做學問，皆貴在多聞薰習。

第三、不時的讀誦則口熟：好書，不只是要看，有時更要讀誦，甚至能琅琅上口。好比學習語言，要勤於講說，遇見外國人，才能脫口而出。過去中國的私塾教育，講究背誦，背書必須讀誦，讀得滾瓜爛熟，才能在必要的時候，信手拈來，出口成章，講出深刻雋永的道理。

第四、不時的思索則心熟：讀書除了「眼到」展閱，「手到」書寫，「耳到」諦聽，「口到」念誦以外，最重要的是要思索。思索以後融匯於心，才能將書中的道理，轉化為自己的財寶，成為自己的學問。譬如乳牛吃了牧草，也要反芻，才能消融轉化，成為養分。因此，儒家有謂：「學而不思則罔，思而不學則殆」，佛法亦云：「以聞思修而入三摩地」，這都是指出「思」的重要。

讀書之道，別無他法，唯有多看、多聽、多讀、多思考，才能將書本上的知識、道理，內化成自己的涵養及智慧。讀書做學問，也不在聰明智慧，而在專心與努力。因此，如何善於讀書？提供這四點意見：

第一、不時的展閱則眼熟。

第二、不時的諦聽則耳熟。

第三、不時的讀誦則口熟。

第四、不時的思索則心熟。

教子之道

世間上，無論功在鄉梓或是禍殃鄉民者，其思想個性的養成，均離不開父母的教育與家庭的薰陶。所以對於孩子的品格和道德的養成，父母的觀念、方法是非常重要的。可歎的是，現在社會資訊複雜，價值觀模糊，讓做父母的常常感到不知如何教育兒女才好。以下四點「教子之道」貢獻給大家參考：

第一、勵以志，不勵以辭：有位身陷囹圄、悔不當初的獄中人，回憶少年時期逞兇鬥狠，每次和人打架，滿身傷痕的回到家裡，母親總是厲以顏色的說：「你還好意思回來，愛打架就去打得夠，打輸了就別回來！」這樣的教育，使得他性格愈加暴戾，終於犯下殺人罪。所以教育子女時，

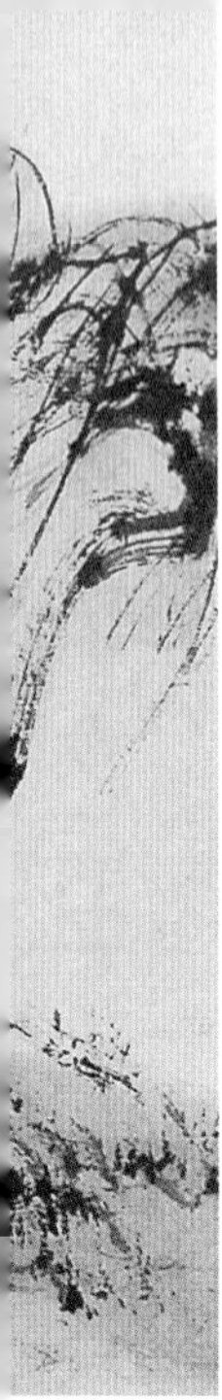

要讓他受到尊重，加強他的責任感，教導他理性地表達自己，鼓勵他立定生活目標，而不是用嚴厲的語言不斷的苛責。

第二、勸以正，不勸以詐：有個小孩在學校偷了同學的原子筆，父親知道後，立刻給兒子一記耳光說：「你怎麼可以偷人家的筆呢？你要原子筆，爸爸可以從上班的地方拿一大包給你。」這樣的言行，怎能做兒女的表率？所以，教育子女要以身作則，虛子曾經說過：「身不行道，不行於妻子」，自己要有高風亮節的行誼，才能教導出言行道德高尚的子女。

第三、示以儉，不示以奢：春秋時魯國大夫御孫說：「儉，德之共也；侈，惡之大也」。節儉的人，對物質的欲望必定較少，奢侈之人，必定多求妄用。寡欲則能謹身節用，不被利欲蒙蔽自己的良知道

德；奢侈則因不能滿足己欲，導致鋌而走險，遭來禍殃。俗語說：「由儉入奢易，由奢入儉難」，因此父母應以身作則，讓子女們從小就養成節儉的習慣。

第四、貽以言，不貽以財：西晉何曾日食萬錢，子孫習其驕溢而傾家；宋朝寇準豪華奢侈，子孫遺其奢靡而窮困。與其留給兒女萬貫有形家財，不如把寶貴的人生歷練，無價的智識經驗，以及生命的智慧，遺留給子女，讓他們的馨香的道德環境中耳濡目染，培養健全的人格，長養廉潔的道德，傳承前人處事的智慧，這才是讓子女安居樂業之道。

父母教育子女的方法，除了提供無虞的物質生活，還要給他們精神生命的滋潤，所以父母應有無限的方便與善巧，有時以嚴格來折服教導，有時要以慈愛為善巧撫慰，恩威並濟、寬嚴並施，最重要的是父母以身作則的教示。這四點「教子之道」提供參考。

第一、勵以志，不勵以辭。

第二、勸以正，不勸以詐。

第三、示以儉，不示以奢。

第四、貽以言，不貽以財。

夫婦之道

夫妻之間，應該怎樣相處？所謂「夫婦之道有三等」，你是那一個等的夫婦呢？看看有以下點參考：

第一、上等的丈夫，回家幫助太太料理家務：上等的先生下班之後，會想到太太忙於工作，還要忙於家務，必定辛苦，回到家裡，他會體恤太太的辛勞，協助太太操持家事。這樣的丈夫，必定是上等的好丈夫。

第二、中等的丈夫，回家喝茶看報讚美太太：不會幫忙做家事的丈夫，回到家裡，雖然喝茶看報紙，至少嘴巴還會讚美太太，感謝太太的付出，如此的話，太太再怎麼辛苦，也能甘之如飴。

第三、下等的丈夫，回家氣勢凌人嫌東嫌西：最下等的丈夫，回到家裡，就是一副自己最辛苦、自以為家庭付出最多的姿態。一下嫌太太菜煮得不好、一下嫌太太不會打扮，看不順眼東嫌西嫌，甚至氣勢凌人，這是最下等的丈夫。

第四、上等的太太，治家整潔賢慧有禮：俗語說：「家有良妻，如國有良相。」一位賢良妻子，能將家庭的開源節流打理得妥當，家逞環境維護整潔，態度溫敬柔軟，周到體貼，行儀慈孝和順，讓先生無後顧之憂。

第五、中等的太太，慰問丈夫讚美辛勞：莎士比亞說：「一個好妻子，除了處理家務外，還兼有慈母、良伴、戀人三種身分。」所以，治家能力差一點的太太，至少要能多說好話，要常常慰問讚美先生的辛勞與付出。

第六、下等的太太，嘮叨不休刻薄自私：下等的太太，不但不善於治家，先生辛苦回到家時，還會喋喋不休，一下嫌棄他的職業太低、賺錢太少，一下埋怨住得不好、穿得不暖，如此只會讓先生覺得家如監獄牢寵。

很多失敗的婚姻，都是因為雙方不能諒解對方的辛勞，不能體會對方的付出。所以，夫婦之道，從互相欣賞、互相體諒開始，遇到困難險阻時，能互助斬荊，共離困境，婚姻才能美滿。夫婦之道有以下六點：

第一、上等的丈夫，回家幫助太太料理家務。

第二、中等的丈夫，回家喝茶看報讚美太太。

第三、下等的丈夫，回家氣勢凌人嫌東嫌西。

第四、上等的太太，治家整潔賢慧有禮。

第五、中等的太太，慰問丈夫讚美辛勞。

第六、下等的太太，嘮叨不休刻薄自私。

孝親之道

自古以來，中國人講究以孝立國，以孝治天下，孝親是非常重要的。在佛教裡，孝親之道分有三等：衣食無缺、物質供養，這是最基本的小孝；努力進取，光宗耀祖，是中等的孝順；引導父母有正確的思想、觀念、見解、信仰，讓他可以解脫煩惱，離苦得樂，甚至超凡入聖，成就佛道，這是上等的孝順。以下也提供四點「孝親之道」：

第一、供養莫使貧乏：子女幼小時，為人父母者無不盡力滿足所需。兒女長大後，有能力回報時，對於父母所需飲食、生活等基本物資，也要能供應，讓他們無所匱乏。乃至有時候，父母有一些特別的嗜好，只要是正當的，如散步、運動、喝茶品茜、聊天下棋等，都應盡量給予支持，讓他們感到安慰滿足。

第二、凡事先行告知：有一話說：「父母心，磨石心。」經典也說：「母年一百歲，常憂八十兒。」無論父母年紀多大，他們的心就像石磨一樣，轉動不停，時時惦念兒女。因此，做兒女的人，有什麼事情、出門去那裡，要告知父母，讓他們安心，免得老人家為你掛念、擔心。你凡事應向父母稟告，讓他們安心，感受到你的尊重，這比你給他再多的供養還要重要。

第三、做事光宗耀祖：天下的父母無不以兒女為榮。你的所有言行、所有作為，不使家庭蒙羞、父母蒙羞，乃至使祖先蒙羞，這就是孝順了。光宗耀祖也不一定是擁有高官厚祿、聲名顯赫，你心中有道甫，時時助人，走到哪裡，讓人感到歡喜你、肯定你，父母因為你的善行懿德，受到

別人的歡迎祝福，這也是光宗耀祖。

第四、不斷父母正業：假如父母有什麼好的事業、正行，為人子女者更要為他們發揚光大。例如，父母恭敬虔誠，熱心護持宗教事業，子發要有信仰上的傳承；父母曾經幫助教育慈善事業，子女也應該延續他們的愛心，讓父母親的善名，遠播十方。有了這些繼承，父母的慧命、事業，都能可以延續，這是最大的孝親之道。

孝是人我之間應有的責任，孝是人倫之際親密的關係；孝維持了長幼有序，父母子女世代相承的美德，是對生命的誠摯感謝，無悔無怨的回饋報恩。這四點孝親之道，可以讓我們實踐孝的精神。

- 第一、供養莫使貧乏。
- 第二、凡事先行告知。
- 第三、做事光宗耀祖。
- 第四、不斷父母正業。

用水之道

古人有云：「福報如水」，水用完了，表示福報也流盡了，所以長輩莫不教誡子弟要「滴水如金」。古代也有句老話，每個人每天只能用七斤四兩水，超過了，就是浪費不惜福。如何才是「用水之道」呢？以下有四點意見：

第一、要節約愛水：古

代大德形容水如財富，你能把用水當作用錢，不浪費水，也等於是不浪費錢財。反之，你不節約用水，甚至浪費水，就等於浪費錢財。因此，愛惜財富，就要節約一點，不能隨意花費。水也是一樣，能節約用水，水就能源源不斷，一生會用不完。

第二、要惜福用水：以前有一名弟子提水給儀山禪師

洗腳，由於水太燙，在加一點冷水後，隨手便倒掉剩下的半桶冷水。儀山禪師生氣說：「即使是一滴水，也能給人解渴，給草木生長，它蘊含天地無限的生機，你這樣輕易把水倒掉，怎麼能和諸佛接心，與祖師相應？」這名弟子受了儀山禪師的教誨，從此改名「滴水」。人在世間，福報有多少，這是有數量的，不要以為自己萬貫家財，若福報享盡，仍會一無所有。等於銀行存款，浪費開支，終有盡時。所以雖然只是滴水，也要節用惜福，不隨意浪費。

第三、要培德蓄水：不但節約用水，還要知道蓄水。平常水龍頭一開，水就自然而來，等到停水時，就知道生活的困難。假如平常就知道節約用水，惜福用水，甚至我們像培福集德一樣，蓄水儲備，就不怕一時失水而著急了。

第四、要植樹造水：除了消極的節約、惜福用水外，也要積極從愛護水源、不破壞水源著手。要愛護水源，平時就要不濫砍伐樹木，甚至要廣植林木，藉著種植樹木讓樹根抓住土壤，涵容水分，以加強水土保持。

水，澆在花草上，花草會生氣盎然、吐露芬芳；水，送給焦渴的人，焦渴的人會如獲甘霖，解除熱惱。曠野的森林草木動物，也都是靠著水的滋潤，才能生長活動。水對萬物，實在有無限貢獻。

因此，這四點「用水之道」實在值得我們深思實踐。

- 第一、要節約愛水。
- 第二、要惜福用水。
- 第三、要培德蓄水。
- 第四、要植樹造水。

進退有道

一個人言語舉止沒有分寸，別人會批評他「不知進退」；讚美一個人待人處世合乎法度，說他「進退中繩」。說一個人「進退維谷」，是形容他陷入前進不了，又後退不得的窘境；一個人臨事張皇失措，就是「進退失據」。一個人如果只知「進步」，那他只擁有一半的人生；還要懂得「退步」，才是完整的生命，因此，我們要能進能退。進退之道大有學問，提出四點供大家參考：

第一、快速而不馬虎：我們處在追求「快速」的時代，做任何事都講究時效、效率，不容許慢吞吞。吃的，以速食麵、快餐解決；行的，追求高速、超音速；住的，流行快速建築。行事有效率當然很好，這是一種

「進步」。但是，在追求速度之時，也要能靜下心來，仔細規劃、考慮，才能避免受「馬虎」之害。譬如現代社會，離婚率居高不下，就是對婚姻大事，抱持速成馬虎的心態，只知進而取，不知退而思的後果。

第二、謹慎而不保守：小心仔細做事，固然比較不會出錯，但過度謹慎，就易趨於保守，往往在該果斷時，仍遲疑不決，因而喪失先機。只求不犯錯的謹慎，只是有「守」的技術，而沒有「進」的智慧。一位年輕人拿著解聘書到總經理室，問：「我這兩、三年來都沒有出錯，為什麼解聘我？」總經理說：「你沒有出錯，代表你只是追尋前人的腳步處理事情，而不敢冒險。敢大膽衝刺，小心求證的人才，才是公司競爭的本錢。」因此，做事要謹慎而不保守。

第三、謙虛而不卑賤：僅有高視闊步，昂首向前的自信，只是半部「前進」的人生；還要有虛懷若谷的情操，懂得低頭彎腰，才是完整的人生。但是，態度需要謙虛，卻不能卑躬曲膝，諂媚阿諛，置自我尊嚴於不顧。一個人必先懂得自我尊重，才能真正尊重別人。因此，要在自我尊重裡謙虛，而不是奴顏媚骨。

第四、禮讓而不畏縮：在良好的人際關係中，最講究的就是禮讓。禮讓是美好的處世態度，但禮讓不是畏縮，不是躲避。只知一味禮讓，只是「退步」的人生，易流於怯弱；在禮讓之下，還要能勇敢向前、自我承擔，才是有進有退的完整生命。

圓滿的人生，要像跳探戈，有進有退。如何進？何時退？其道甚大，必須運用智慧，才能真正體會「進退有道」的深奧。

- 第一、快速而不馬虎。
- 第二、謹慎而不保守。
- 第三、謙虛而不卑賤。
- 第四、禮讓而不畏縮。

道是黃山始信峰

卷四 幸福之道

懷抱希望的人對未來必定充滿自信。
對未來抱持信心，就會有幸福。

幸福之道

每個人追求的幸福不同，定義也不同。有人以獲得財富為幸福，有人以擁有愛情為幸福，有人以權力在握為幸福；這些外在取得的幸福，看似實際，猶如泡沫，難以掌握。到底什麼才是取之不竭、用之不盡的幸福？有以下四點：

第一、生活要樂觀進取：英國詩人拜倫說：「悲觀的人雖生猶死，樂觀的人永世不老。」分別只在一心的取捨。心，可以是光明莊嚴的道場，也可以是烽火漫漫的戰場；心，可以是生產良好產品的工廠，也可以是盜賊土匪的溫床。選擇以樂觀的態度面對一切，幸福的種子就已萌芽，加上進取的因緣，必定獲得幸福的果報。

第二、工作要勝任愉快：工作中，想要勝任愉快、發揮所能，莫過於敬業樂群，最失敗的，不外乎與主管對立、與同事有隔閡。再者，抱持心不甘、情不願的心情，推諉、講理由，做來感到辛苦不堪，如何有幸福可言？能發揮熱忱、活力，工作自能勝任愉快。

第三、事業要進取有恆：想要有一番作為，恆心毅力、進取勇猛是不可或缺的因素。倘若稍受困阻，就盡棄前功，如何成就？孟子云：「掘井九仞，而不及泉，猶如棄井也。」因此，做事必須進取有恆，抱持「不達目的，決不放棄」的信念，終能「滴水穿石」，走向幸福的大道。

第四、未來要充滿自信：懷抱希望的人，對未來必定充滿自信。大文豪蕭伯納說：「有自信心的人，可以化渺小為偉大，化平庸為神奇。」內心充滿自信者，能驅動生命，轉化因緣；對未來有信心，就懂得為當下負

責。縱觀現今社會，憂鬱症和自殺者頻傳，這就是對未來空虛，沒有產生希望。因此，突破內心的恐懼，對未來抱持信心，就會有幸福。

幸福，不是別人給我們的，也不是上天賜予的，想獲得精神上的滿盈、永恆的幸福，把握以下四點就可以實現。

第一、生活要樂觀進取。

第二、工作要勝任愉快。

第三、事業要進取有恆。

第四、未來要充滿自信。

事業成功之道

表演者演出內容要精采，必須不斷揣摩；產品要不斷推陳出新，才能符合大眾的需要；想要在各行各業中脫穎而出，就須付出努力；任何事業要成功，也要有各方的因緣來成就。「事業成功之道」有四點：

第一、個人為小，團體是大：所謂「三人成眾」，現在的社會，唱獨腳戲的個人表現已不太能成功。事業要成功，首重「集體參與」、「集體創作」，要將自己的心隨順大眾，融入團體裡才能有所成就；離開「眾」則事難有所成。倘若人人都能抱持著「大眾第一，自己第二」的想法，何愁事業不成功呢？

第二、職務精簡，分工合作：現代社會重視分工合作，如建築分工、管理分層，而每個事業無不集多數人的努力才能完成。因此，分工合作就是團隊精神的展現。在分工合作中，每一個單位、每一個職務都不可忽略，大家集思廣益，才能創造出歷史性的事業。好比佛教叢林職務有四十八單，依個人的發心、能力、德行、才學的不同，彼此分工合作，才能使團體更上軌道。

第三、相互尊重，精神一致：團結如桶，不可有漏洞。一個團體要發揮最大的力量，必須每一份子都有共識，且能相互尊重、相互包容。如果一起工作，卻彼此離心，彼此牽制，則無法成就；若能精神合一，理念一致，即使分散各地，也會有所成就。

第四、掌握時空，健全制度：修行人之所以要精進修行，就是為了在無限的時空裡證入菩提，在剎那的時光中掌握永恆。同樣的，事業要有百

年根基，也要懂得掌握時空，才不致錯失良機。現在的社會凡事講究制度，一個企業也要有健全的體制，才能永續經營。

成功不可能從天上掉下來，事業要成功，必須具備種種因緣。所以，四點「事業成功之道」提供參考：

第一、個人為小，團體是大。

第二、職務精簡，分工合作。

第三、相互尊重，精神一致。

第四、掌握時空，健全制度。

快樂之道

快樂是對生活感到充實，對心靈有所提升。快樂是一種精神的成就、滿足，好比農家看到果菜豐收，園丁欣喜百花爭豔。快樂是人人所希求的，吾人要追求的「快樂之道」到底在哪裡呢？

第一、快樂在真心情意裡：有人以為有錢就會快樂，但是金錢也會帶給人煩惱，不能解決所有的問題。許多人以為愛情就是快樂，但是自私的愛情，也會給人帶來許多執著痛苦。有人認為有了名位就會快樂，等到名位高了，反而失去自己。其實快樂就在真心誠意裡，你待人以真、待人以誠，腳踏實地培植好因好緣，以真情真義交流相待，獲得的快樂，才是珍貴。

第二、幸福在人我友誼裡：人不能沒有朋友，朋友之交，相互提攜，彼此勉勵，是快樂的泉源。《中阿含經》云：「比丘但念自饒益及饒益他，饒益多人，愍傷世間，為天、為人求義及饒益，求安隱快樂。」生而為人，生活安樂、家庭平安之外，真心關懷友人、關懷世間，自利利人中，會為人生帶來快樂。

第三、平安在無求無怨裡：有所求，就會有所失落，失落了，就會產生怨恨，內心就會不平衡，不平安。《八大人覺經》云：「無自多求，增長罪惡。」多求多煩惱，只有無求，才能得到平和、平靜、平等、平安。菩薩在人間付出，普行大慈大悲、大喜大捨，他的心無怨無悔、無慮無求，不但自己坦然平安，也會帶給一切眾生平安。

第四、解脫在看破自在裡：一般人習慣追求外在的感官之樂，例如眼

觀色、耳聞聲、鼻嗅香、舌嚐味、身感觸，這種根塵的快樂卻是短暫、空虛而不真實。人想要從憂悲苦惱中解脫出來，追求更高的心靈層次，就必須要能看淡世事、看破實相，心裡有滿足、有包容、有智慧、有信仰，自在

快樂的泉源就會被開啟了。

與其追求短暫不長久的快樂，不如追求永恆無住、沒有執著的歡喜自在。《善業經》：「過去之法不應追念，未來之法不應希求，現在之法不應住著，若能如是，當處解脫。」能夠認識人生真相，凡事盡己因緣，結果隨緣隨喜，不追求取著，窮也好、富也好，有也好、無也好，一如雲水，悠悠去來，就可以解脫獲得快樂了。

- 第一、快樂在真心情意裡。
- 第二、幸福在人我友誼裡。
- 第三、平安在無求無怨裡。
- 第四、快樂在看破解脫裡。

安全之道

生活之中，每個人都希望獲得安全、安樂。天災地變，非個人力量可扭轉，但人為的禍端，有時卻是自己造作所致，因此，災禍是可以從日常做人處事上避免的。如何是安全之道呢？以下四點：

第一、非善之事不為：人要做事，生活才有著落，人要做事，生命才能發揮功用。但是做事也要有所選擇才能安全，《孛經》說：「人發善心，鬼神助之，惡雖不覺，終必受殃。」不善的行為、不善的事情不能做，只有存好心，說好話，做好事，才有好的人生。

第二、無義之言不說：《一切有部毘奈耶經》說：「若人生世中，口常出刀劍，由此惡說故，常斬於自身；若讚於惡人，毀謗賢善者，由口生眾過，定不受安樂。」說話不當，有時比利劍更傷人，不但自己無法安樂，甚至惹來禍殃，遭致不幸。因此說話要得體，說得合理，要說對人、對世間說善美的話，要說有意義的話，你說的話，才會被人接受，受人敬重。

第三、危害之行不做：所謂「一人一事都有道理，一舉一動都有因果。」因果是如實的真理，一切善惡都有軌則循環，害人之行最終還是回到自己身上，所以，即使是小小惡事，都不能妄為。一個人只要發揮自己的長處，對別人、對家庭、對團體、對社會做有益的事，你對別人有貢獻，別人怎麼會不看重你，和你友好相處呢？

第四、造惡之友不交：朋友是一生重要的夥伴，他們的言行，也深深影響我們自己。《緇門警訓》說：「邪師惡友，畏若豺狼，善導良朋，視如父母。」因此交往的對象要慎選，遠離惡友、損友、心念邪惡的人、行為不端正的人。

開車、坐車要繫上「安全帶」，道路有「安全島」維護車道行進安全，乃至車與車之間也要保持「安全距離」，同樣的，人要活得安全，主要靠自己的行為。用安忍來面對困難坎坷，用慈悲導正暴力行為，用戒法健全自我身心，用禪定作為自己安住的力量，再加上述這四點做為安全之道，災害必能遠離。

第一、非善之事不為。

第二、無義之言不說。

第三、危害之行不做。

第四、造惡之友不交。

聰明之道

聰明之道，首先耳朵要聰敏會聽，聽四面八方；眼睛要明亮會看，看遠近古今。光會聽、會看，還要會說，說得真實不虛，說得讓人拍手叫好。聰明的人，看在眼裡，聽在耳裡，記在心裡，能用心學習一切，講說智慧之語，提升生命的層次。聰明之道有四點：

第一、眼觀天下，天下如「果」：有一種奇妙的果實，吃了它以後，再吃任何東西都會變得非常可口，即使是很酸的檸檬，也變得很甜。用眼睛看世間，如何把醜的人事物美化呢？宋朝有一則公案，蘇東坡與佛印禪師打坐，一個說對方像一堆牛糞，一個說像一尊佛。蘇小妹點破的說，以糞心看人就像糞，以佛眼看人都是佛。看世間如果能加一點佛心，就會像吃了奇妙果實，什麼都很甜美。

第二、耳聽眾音，眾音如「曲」：我們的耳朵會聽到各種聲音，大自然的天籟，令人陶然沉醉，而好話如甜美的歌聲，善語像優美的旋律，這些音聲，也會讓人心悅神朗。聽到美好的音聲固然歡喜，聽到不順耳的，也要能夠轉化，把批評當作養料，諷刺就是針砭，譏笑好比藥石，毀謗則為砥礪。不論是哀傷幽怨，如泣如訴，或清脆悅耳，似大珠小珠落玉盤，不都是人間的悲喜交響曲嗎？

第三、口說語言，語言如「歌」：動之於心，訴之於口，嘴巴是我們溝通、表達的管道，說話幽默風趣，可以帶動歡喜熱鬧的氣氛；說話尖酸刻薄，則損人害己，招來禍殃。因此，講話要像一首動聽的歌，宛轉高雅，真情流露，才能打動人心。

第四、心思眾生，眾生如「親」：諸佛菩薩，愍念眾生，如母憶子一般。一個有智慧的人，心胸豁達，不自私拘泥，心裡所想的都是為大眾，為將來與後世子孫，看待一切眾生也如同家人一樣。當一個人把心思放在眾生，常常為眾人解決困難，無形中，其智慧、福德就會在大眾中成長。

看得多，見識廣；聽得多，知識豐；想得多，理路透。如果我們想要擁有廣大的世界，就不能狹隘設限，要開闊心胸，放遠天下，關懷眾生，始能從中習得圓滿的智慧。聰明之道有四點：

- 第一、眼觀天下，天下如「果」。
- 第二、耳聽眾音，眾音如「曲」。
- 第三、口說語言，語言如「歌」。
- 第四、心思眾生，眾生如「親」。

語言之道

語言是表達情意、溝通人際、傳遞思想的重要工具。因此，語言要講究真實、善美、清淨。因為好話、壞話關係著一個人的道德人格，也影響著別人的喜怒哀樂。《大智度論》云：「常以好語，有所利益，是名法施。」意思就是說，只要我們講一些對別人有利益的話，就是在布施真理。語言之道，有四點需要注意：

第一、言仁不言暴：有的人說話，語帶強制、恐嚇，是謂語言暴力，

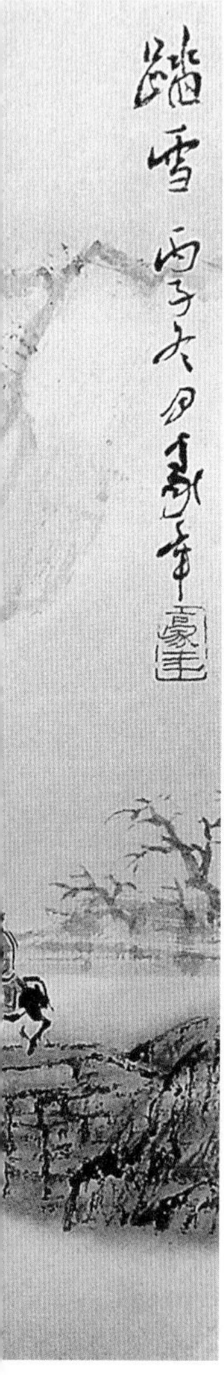

或是巧言令色，以花言巧語，卑躬屈膝的態度，博得他人的信賴；這些言語，都無法令人生起慈愛之心。因此，我們說話要說仁慈的話、仁德的話，不要講暴力的話。

第二、言義不言利：歷史上著名的經典翻譯家唐朝玄奘大師，童年時就有一個良好的生活習慣與性格，他自我勉勵：「言無名利，行絕虛浮」，因而成就他一生的偉大事業。孔子亦說：「群居終日，言不及義，好行小慧，難矣哉！」強調言行中正義的重要。

第三、言禮不言邪：語言，是心靈之窗。善美的語言，反應出清淨的心靈；醜陋的語言，則顯示出心中的污穢。古人說：「心之所感有邪正，故言之所形有是非。」因此，說話要有分寸、要有禮貌，不可胡說八道，虛假妄言，蠱惑人心。

第四、言信不言詐：所謂：「言而無信，不知其可。」一個人說話沒有信用，不知道還能以什麼做為立身處事的準則？我們講話，言語中不能有一句欺詐，不能有一句不實，要講有信用的話，開誠布公的話，以及對人間能增加信心，對自他具有建設性的話。

愛惜口中的語言，用慈悲的愛語化導暴戾氣氛，能使社會趨於平和；愛惜心靈的語言，用智慧的心語消除貪瞋愚癡，可以讓心靈常保明淨。只要合乎行為禮節規範的語言，都是好話。亦即：

- 第一、言仁不言暴。
- 第二、言義不言利。
- 第三、言禮不言邪。
- 第四、言信不言詐。

交友之道

常言道：「近朱者赤，近墨者黑」，可見朋友對我們的影響之大，所以必須了解什麼是益友，什麼是損友。真正的好朋友是能互相規勸、砥礪的。「在家靠父母，出外靠朋友」，除了親人，朋友是我們人生道上不可缺少的一環人際關係，而且許多事情是靠朋友知交才能處理的。「交友之道」有哪些？如何才能得到真正值得交往的朋友？

第一、以德交友，患難與共：要如何交朋友呢？首先須問自己想交什麼樣的朋友。如果希望交到真心的朋友，就要拿出自己的真心，以道德、以義氣、以慈悲來交往；如此得來的朋友，在最緊要關頭時，大都能同甘共苦。所謂「患難見真情」，在最困頓的時候，還能不變初衷的支助扶持，才是真正的朋友。

第二、以誠交友，肝膽相照：和朋友相處，彼此要講究知心，講究坦誠，講究肝膽相照。雙方以真實的言語、真實的感情交往，擯除利害關係，擁有手足般的義氣情誼，能相知相惜，相互關愛，彼此扶助，就是真正的肝膽相照了。如戰國時的隱士田光，為助燕太子丹刺秦王，舉薦荊軻，更為守秘而刎頸，田光之忠誠，可謂肝膽相照。

第三、以知交友，見多識廣：見識廣博或具有專業知識的人，會受到朋友的尊重與信賴。同樣的，要結交有內涵的朋友，也要先充實自己的內涵；懂得隨時吸取新知的人，智慧容易開啟，也會吸引許多見多識廣的人到身邊來。劉禹錫之交往即是「談笑有鴻儒，往來無白丁，可以調素琴，閱金經。」

第四、以道交友，法樂融融：「道風德香傳千里」，有道德的人、有修養的人，無人不欣喜，不論遠近，大家都會爭相來親近。和他交往的人，也都會依他自勉，而得到提升，此即所謂「與善友交，入芝蘭之室，久而不聞其香，即與之化矣」。

中庸說：「待人以誠，感人以德，交人以善，這是率性之謂道。」朋友交往以誠以真，相待以禮以敬，相處以平以淡，相勉以學以道，都是交朋友的原則，所以交友之道有四點：

第一、以德交友，患難與共。

第二、以誠交友，肝膽相照。

第三、以知交友，見多識廣。

第四、以道交友，法樂融融。

為友之道

大家都渴望找到真心的朋友，但是要找到一生不相負的好友，往往是可遇而不可求。你常常慨嘆朋友辜負了你嗎？想要交到真心的朋友，本身也須具備一些條件。例如：不能太過倚賴朋友，這會使對方感到不勝負荷，久之必然離去。尤其不能因為熟悉而失去了分寸，失了分寸與尊重，久之必然反目。如果對方失意時，要適時給予鼓舞與安慰。再者，雙方都能互相勉勵、共同充實彼此的內涵，這樣友誼的層次也能提昇。在《長阿含經》裡面，佛陀對於「朋友之道」有以下四點開示：

第一、為彼不惜勞苦：歷史上的「管鮑之交」聞名千古。主要因為鮑叔牙有「慧眼識英雄」的本領，一眼認出具有衝天之志的管仲，又有「不受離間」的智慧，無論旁人如何評論管仲，鮑都不為所動。反而不斷的給予包容、諒解與協助，才有後來擘劃千里、成就齊國霸業的管仲。

另有晉國公子重耳，家國流散，在外顛沛十數載，忠臣狐偃始終不離不棄，後來得到秦穆公的幫助回國為君，重耳重用患難之交的忠臣狐偃，奮發圖強，終於成為春秋五霸之一。

第二、為彼不惜財寶：朋友有經濟上的困難，應量力的幫助他度過難關。如姜子牙未發達前，義兄不惜財寶的接濟，終於造就了歷史的姜子牙。

六祖惠能大師未上黃梅以前，賣柴維生，靠著安道誠的仗義相濟，給予安家費，使其無後顧之憂，順利參訪五祖，終於成就道業，成為中國禪宗史上提倡頓悟的祖師。

第三、為彼濟其離怖：朋友受到挫折、失敗或感覺無助之時，要像觀世音菩薩的施無畏精神，及時的伸出援手，讓朋友遠離怖畏，得到安心。

第四、為彼屏相教誡：要成為對方的摯友，就要相互勉勵，彼此為鑑，並且觀察他的偏失，矯正他的氣質。在朋友虛浮時，能夠養之以沉穩；觀念偏狹時，導之以寬廣；急躁不耐時，修之以從容。朋友有過錯，應該要暗地規勸他改過，這是好友應盡的責任。

朋友是互相的，應該要彼此感恩，懂得付出，才能交到真心的朋友，也才能得到相互依存的摯友。所以，為友之道有以下四點：

第一、為彼不惜勞苦。

第二、為彼不惜財寶。

第三、為彼濟其離怖。

第四、為彼屏相教誡。

朋友之道

古人對交友很重視，並列於五倫之一，因為與朋友之間的互動是為人處世重要的一環。如果關係順利，可以帶來生命的互助與喜悅。

明朝的蘇浚在《雞鳴偶記》中說：「道義相砥，過失相規，畏友也；緩急可共，死生可托，密友也；甘言如飴，遊戲征逐，暱友也；利則相攘，患則相傾，賊友也。」對於朋友相處之道，提供四點意見：

第一、要互相交流：唐朝李白、杜甫是一見如故的朋友，他們相互討論詩作，將唐詩帶到文學的高峰。要互相要交流，平時的關心慰問不可少；逢年過節也要禮尚往來。有時候可以特別舉行茶會、餐會、讀書會等，彼此以新知交流，增進了解，彼此更加融和相知。

第二、要互相幫助：朋是由兩個個體的聯繫，彼此有互動關係，必然是榮辱與共、憂戚相關，所以要有「同體共生」的認識。如三國時代桃園三結義的劉備、關公及張飛，貧富與共，患難相扶，俠義之情令人敬佩。

第三、要互相尊重：不要將朋友視為私人所有，這樣的友誼必定不能長遠，因為朋友也有他獨立的人格，不但要給予相當的個人空間，還要尊重他好的傳統、正信的宗教、光明的觀念、正當的嗜好，以及他的家庭、性格等等，尊重可以帶來長遠的情誼。

第四、要互相信任：所謂的「疑友不交，交友不疑」，朋友之間的往來，如果存有疑忌之心，不但不能互相信任，甚至可能彼此受害。交友之先，要能分辨趨炎附勢的佞友，惡劣為非的損友，吃喝玩樂的劣友，朋比為奸的詐友，在交往之初，可能會讓人感覺甜蜜，然而久之必受其害，此

類惡友都不可結交。

會勸正導善的「畏友」，能切磋互勉的「諍友」，雖然剛開始交往，容易使人有點難堪，但久後必受其益。此類善友可以多多結交。「朋友之道」有四要點：

第一、要互相交流。

第二、要互相幫助。

第三、要互相尊重。

第四、要互相信任。

待客之道

家庭裡，免不了常有親朋好友等客人來訪；公司裡，免不了有商業往來的客人走動；寺院道場裡，信徒、友寺、社會人士參訪，更是不日無之。所以寺廟的知客師很重要，「知客」就是「知道客人的需要」，也就是要懂得待客之道！待客之道，不分寺院、公司、家庭，人人都應該了解。關於待客之道，分為四等：

第一、像朋友的客人，要讓他賓至如歸：「有朋自遠方來，不亦樂乎。」有時候久未聯繫的朋友忽然來訪，不能讓他覺得生疏，要熱情的招呼，讓他有「賓至如歸」的感覺。從他一到，舉凡喝茶、吃飯、休息，我都要以禮相待。尤其用餐時，上等的主婦在飯菜上桌後，很快就能走出廚房，到餐桌上招呼客人用餐；如果客來掃地，客去泡茶，這是最劣等的主婦。

第二、有困難的客人，要為他解決問題：俗語說：「在家日日好，出外條條難。」又說：「在家靠父母，出外靠朋友。」人難免有遇到困難的時候，對於有困難的客人，不管他跟我們是商務上的往來，或是曾經共事的同事、主管、屬下，乃至單純友誼往來的客人，我們都要真誠的關心他，不能跟他支吾其詞，讓他覺得你好像有意要避開他。你能幫他直接解決問題最好，否則幫他出主意、提供其他管道，總之，能幫他把問題解決，讓他覺得不虛此行，這才是對有困難的客人應有的待客之道。

第三、隨機緣的客人，要予他歡喜希望：有的人來訪，並沒有特定的目的，只是隨興忽然而來，他沒有事先通知，也沒有事前約好，臨時就跑來了。不過你還是要好好的招待他，要給他歡喜、給他滿足，要讓他感受到人情的溫暖，進而對人生充滿希望，這才是待客之道。

第四、對高位的客人，要和他不亢不卑：「以客為尊」，請客要讓客人受到尊重，受到禮遇，這是應有的待客之道。但是賓主是有界限的，賓主各有各的立場，例如開會時，主席、代表、會員，都是主體，有時即使上級長官蒞臨與會，也只能是來賓。大國的總統到小國訪問，是小國的上賓；小國的國王應邀到大國去，也是大國的上賓。賓主不能只論大小，而是平等的論角色。所以有的客人身分、地位很高，但是所謂「客隨主便」，不能「反客為主」；身為主人的，對於高位的客人，也要不亢不卑，才不會有失身分。

賓主自有他一定的內涵與規矩，所以一個好的主人，最主要的是要會

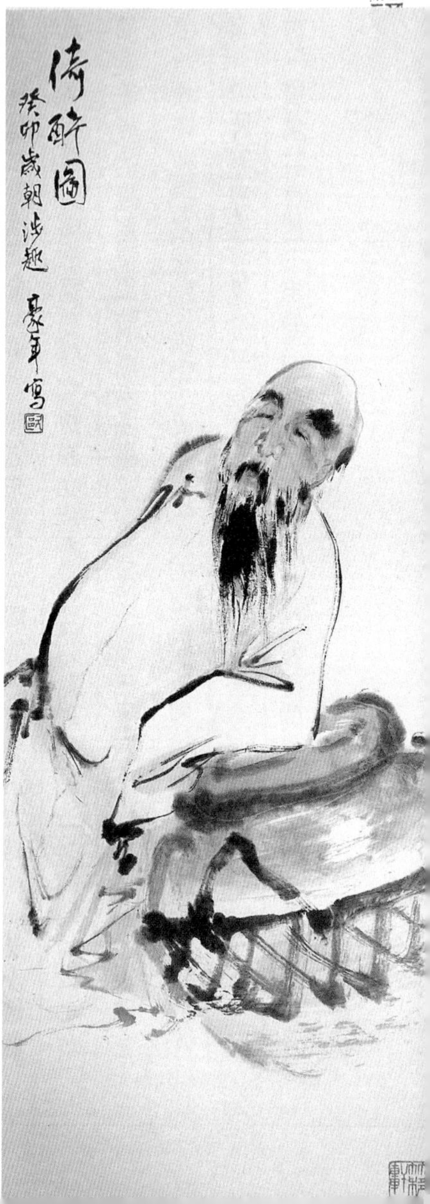

對待客人。待客之道分四等：

第一、像朋友的客人，要給他賓至如歸。

第二、有困難的客人，要為他解決問題。

第三、隨機緣的客人，要予他歡喜希望。

第四、對高位的客人，要和他不亢不卑。

保健之道

這是十分奇異的現象！時代愈文明，人類應該更健康才是。但是縱觀今日的世間，醫學科技愈進步，難治的疾病就愈來愈多。仔細想來，或因人類只知醫「病」，既未將真正的病根尋找出來，也沒有將身、心、靈看作一體來保健。

有人把健康比喻為「一」，把家庭、愛情、事業……等等，比喻為「〇」。有了「一」，一切的「〇」都變得有價值；只有「〇」而沒有「一」，所有的「〇」都失去了作用。這個比喻很有道理，與古人所說「留得青山在，不怕沒柴燒」，有相同的意義。另外，在自我精神層面上的保健，也要注意到四點：

第一、不急躁，寧靜可以致遠：古時候常聽到巡更之人，一面敲著鑼，一面沿著街道大聲的提醒大家：「天乾物燥，小心火燭。」在自然界乾燥之時，容易「星火燎原」引起火災；在我們的內心當中太過急躁，同樣也很容易「心火燎身」。心中一急躁，情緒立即衝動，身體來不及應變，引起肌肉緊繃，氧氣無法到達，身體機能運轉不靈光，因此容易致病。

所謂「靜如處子，動如脫兔」，身心時時維持寧靜，精神容易昇華。再者，人在寧靜之中，眼光能看得遠，心胸能放得開，生命層次自然也跟著提升。

第二、不發怒，心平可以氣和：想要身體健康，內心首先要修養得平和，對人能夠體諒，對事能夠隨緣，對物要能愛惜。想要健康就不能常常生氣，因為生氣容易損傷精神。多年前曾有科學家實驗，人一旦發怒，全身的血液都會產生劇毒。人不要時時準備操控他人，那樣只有與心境平和的修養背道而馳。能控制自己，理性時時都能戰勝情緒，逐漸的能夠做到心平氣和，這也是延年益壽的一種秘訣。

第三、不壓抑，隨緣可以自在：遇事缺乏處理的智慧，客觀環境又不容許發洩出來，這樣日積月累下來，太多的壓抑，必定一發不可收拾。滯鬱之氣需要化解，苦悶需要找到管道來疏通。如果找不到合適的人來為你排解，可以交給悠雲、流水、虛空，或是向佛菩薩傾訴；等內心能看得更遠了，自然凡事都能歡喜接受。歡喜與接受，這都是增加生命養分的好方法。所以不要以壓抑來處理內心的不滿，而要朝光明面來看事情，才能過得隨緣自在。

第四、不幻想，踏實可以進步：「幻想」與「夢想」不同。「夢想」

是一種遠景，只要積極有計畫、按部就班的去實踐，許多夢想都能成為事實。

但「幻想」的人，只想一些不可能實現的假象。或是儘管想得天花亂墜，卻不肯付諸行動。「幻想」既勞心又使人脫離了現實，到最後甚至得了「幻想症」，何苦呢？還不如把握住現在，安安份份的，該吃飯的時候吃飯，當睡覺的時候睡覺，應辦事的時候辦事。生活在現實的人生當中，凡事處理得好，進步就容易了。所以「保健之道」有以下四點：

第一、不急躁，寧靜可以致遠。

第二、不發怒，心平可以氣和。

第三、不壓抑，隨緣可以自在。

第四、不幻想，踏實可以進步。

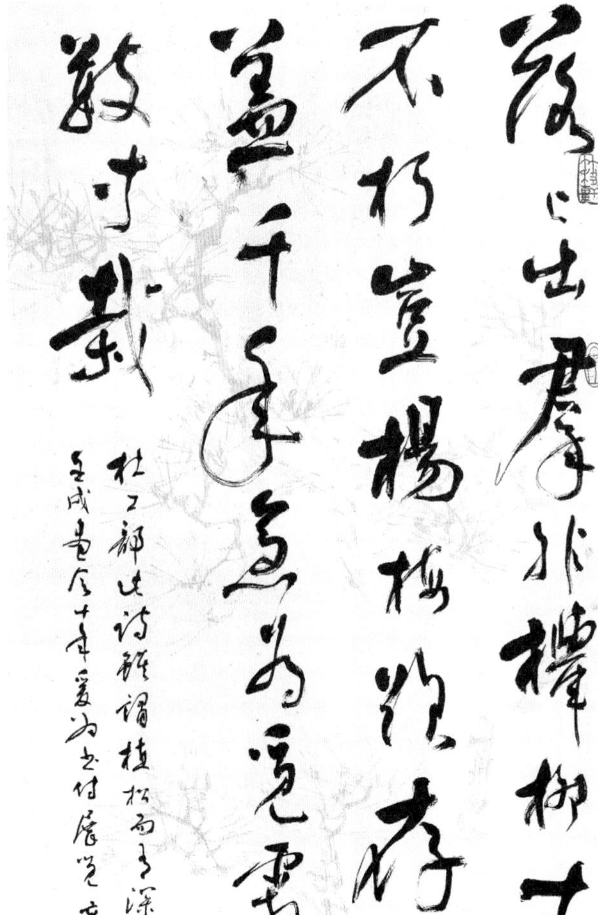
落落出群非榉柳
青青不朽岂杨梅
欲存老盖千年意
为觅霜根数寸栽

如何學道

現今社會上學佛的風氣非常普遍，這是好現象。因為一個人心中有佛，他眼睛看到的都是佛的世界；心中有佛，耳朵聽到的都是佛的聲音；心中有佛，手上做的都是佛的事情；心中有佛，口裡說的話，都是佛的語言。學佛者在心中要直下承擔「我是佛」，是佛，就不會吸菸喝酒；是佛，就不會打罵人；是佛，就不會沾染任何惡習。如何修學佛道？

第一、欲求佛道須先正心：《大學》說：「欲脩其身者，先正其心。」儒家認為修身是齊家、治國、平天下的根本，而修身則要透過內心的修養，心若不正，一切都是空談。《正法念處經》亦說：「不念善事，不正心意，彼行放逸。放逸所誑，身壞命終，墮於惡道，生地獄中。」心不正，眼、耳、鼻、舌、身所見所聞都不正，放逸恣行，恐怕連人身都難保有，遑論成佛道。因此，欲求佛道須先正心。

第二、欲入佛道須能放下：俗話說「失之東隅，收之桑榆。」又說：「塞翁失馬，焉知非福。」要先有捨，才會有得。想要進入佛道，要先把貪欲、瞋恨、愚癡放下，要把世間的人我得失先放下，把蠻橫執著放下，把這些世間種種陋習放下，佛道就能提起。

第三、欲行佛道須運悲智：要行佛道，要先有慈悲心。有慈悲才會心存眾生，才有實踐的動力。但《大寶積經》說：「一切如來身業，智為前導，隨智而轉。一切如來語業智為前導，隨智而轉。一切如來意業智為前導，隨智而轉。」如果光有慈悲而沒有般若智慧，所行只是世間善法，且容易流於濫慈悲。所以有心行佛道，必須悲智雙運，才是最理想的修習。

第四、欲證佛道須悟無我：「無我」不是說沒有我，只是不執著這個我。常人有根深柢固的自我愛，太看重自我，一切以自我為中心，於是造作種種業行。佛教菩薩要無緣大慈，同體大悲，就是勸誡我們不把心量局限在個人，那就是無我的意義。有了無我的體認與實踐，才能擴大生命，進一步證悟佛道。

每位學佛修道者都想要有所成就，但如果方法錯誤，居心偏差，就像煮沙欲成飯，那是不可能的。因此，有心學道者，皆應體悟：

- 第一、欲求佛道須先正心。
- 第二、欲入佛道須能放下。
- 第三、欲行佛道須運悲智。
- 第四、欲證佛道須悟無我。

教化之道

做一名教師，有啟發學生的方法；做父母教育子弟，有教育子弟的方法；從事社會教化的人，當然也有社會教化的方法。當初佛陀教化眾生的原則就是「契理契機」。有的時候，要契合真理，有的時候，要契合眾生的根機。不合真理的話，你不能說，根機不合者，你也不能勉強。如何是「教化之道」呢？在這裡提供四點：

第一、啟發的教育在潛移默化：最好的教育，就是啟發。啟發教育不是口頭教說，而是潛移默化的身教，讓他們自己去思考。仙崖禪師看見夜遊的沙彌，只輕輕說一句：「夜深露重，小心身體，不要著涼，趕快回去多穿一件衣服」後，就不再提起。從此，全寺學僧再也沒有人出去夜遊。

佛門禪師，就是以身體力行做為榜樣，啟發行者。

第二、感化的教育在身教言行：教育子弟，最好用感化方式，使他感動。有一首歌詞強調「哥哥爸爸真偉大」，這不一定很好。為什麼？爸爸哥哥很偉大，怎麼偉大？要錢有錢，要糖有糖，要玩具有玩具，想買什麼就買什麼。但是我沒有，我的爸爸不偉大，那我就只有偷、只有搶。所以，不如說「爸爸媽媽真辛苦。」讓孩子知道，父母親起早待晚，工作忙碌，生病照顧，準備便當……，從身教言行做起，讓他感動，才能感化人心。

第三、指導的教育在引發思想：教導，在引發學生思考，讓他思想能隨你不斷深入、不斷向前。丹霞禪師受到一句「選官何如選佛」的啟發，放下求官之志，成就道業；懷讓禪師點撥一句「磨磚既不能成鏡，坐禪又豈能成佛」，馬祖道一聞言有如醍醐灌頂，茅塞頓開。指導的教育，啟發生命，也成就智慧。

第四、懲罰的教育在慈愛鼓勵：就是學生有錯，犯了過，懲罰他時，還是要出自於愛心勸導、鼓勵，不能喪失他的尊嚴，否則就沒有辦法可教了。佛光山的沙彌學園，因為沙彌年紀小，頑皮搗蛋，後來罰他們睡覺，不准拜佛、參加早晚課誦。當他們看到同學們可以上殿，自己卻不能參加，心裡會了解，睡覺是被處罰，拜佛是光榮的，心中自然升起慚愧心，改過遷善。半年以後，沙彌們果真變得自動自發。因此，教育要先從人情上著手，就是懲罰，也要先尊重他們，才能培養他們的榮譽感，自然向善。

多採用「關懷」與「啟發」，不僅消除反抗、猜忌、敵對，還可以贏得誠懇與真心。這些比斥責、訓話、體罰等方式，不知勝過了多少倍。這四點「教化之道」，可以參考。

第一、啟發的教育在潛移默化。

第二、感化的教育在身教言行。

第三、指導的教育在引發思想。

第四、懲罰的教育在慈愛鼓勵。

忍之道

佛教講「忍辱波羅蜜」，忍可以解決人間複雜的問題、不平的問題，是人生最大的力量。《大集經》說：「忍是安樂之道，能除貪瞋、邪見、兩舌，並得自在、端正、威力等功德。」忍要具備高度的智慧，才能做到難忍能忍，難行能行，所以佛陀讚歎忍辱的功德是布施、持戒所不能及，能忍辱者為「有力大人」。「忍之道」有那些呢？以下四點：

第一、忍得好容色：《因果十來偈》說：「端正者忍辱中來。」一個人相貌莊嚴，是因為能修忍辱，接受種種考驗，而得端正儀表。有一則譬喻故事，銅佛承受鐵匠的雕琢鑄鏤，成就莊嚴法相，接受萬人膜拜供養；大磬不能忍耐，人家一敲，只有「嗡嗡」作響。《佛光菜根譚》：「心中常有拂心之事，形體毫無不悅之態。」以此養忍調性，才能像菩薩一樣，慈眉善目，端嚴相好。

第二、忍得具眷屬：無論凡愚聖智，皆是我們人生中的親友眷屬，若要求得家庭和睦，眾人愛敬，就要忍辱謙讓。《羅云忍辱經》：「忍之為福，身安親寧，宗家和興，未嘗不歡。」忍能增加力量，能減少衝突糾紛，止息眾亂，眷屬和合。

第三、忍招諸勝報：世事多成於忍，能忍方成大器，佛陀在本生修行為長生童子，以實踐忍辱為修行，終取得國家勝利，忍看似犧牲，卻是獲得最後勝利。故《忍辱經》：「世無所怙，唯忍可恃，忍為安宅，災怪不生。」以忍依怙，才耐得住迫害、苦難及種種誘惑，身心能安住泰然。

第四、忍得壽命長：能忍之人，嘴上不說激憤的話，面上不露憎恨之相，心中不存人我是非，看得開、放得下，自然就會健康，壽命延長。怒則氣逆，怨則氣損，修忍辱要能如飲甘露，才能心平氣和，所以忍的功德其大無比。

《羅云忍辱經》云：「忍惡行者，所生常安，眾禍消滅，願輒如志顏貌煒曄，身強少病，財榮尊貴，皆由忍慈惠濟眾生所致。」故以忍辱作為資具，化暴戾為祥和，就能身心安住，制止眾惡，眷屬合樂。以上出自《大方等大集經》的「忍之道」四句偈，提供大家參考。

- 第一、忍得好容色。
- 第二、忍得具眷屬。
- 第三、忍招諸勝報。
- 第四、忍得壽命長。

謙虛之道

有謂：「謙卑在人前，所向盡通；傲慢在人前，寸步難行。」謙虛，是做人處世邁向成功的重要動力。謙虛的人，謹慎踏實，努力補足不全，失敗就會遠離。謙虛的相反是傲慢，它讓人自以為是，無法自我檢討、自我反省，當然也無從進步。人要如何謙虛呢？以下有四點意見：

第一、位高而心愈下：謙虛的人，地位愈崇高，他的心愈更謙下。相反的，做人最怕就是「滿瓶不動半瓶搖」，肚子沒有什麼東西，卻狐假虎威、虛張聲勢，只有更顯出自己的不足，有云：「虛心使人高貴，自負使人膚淺。」所以當地位愈高時，態度愈要謙和低下。

第二、祿厚而自彌約：當獲得高位厚祿時，千萬不可志滿得意，應該簡樸自約，低調行事，避免惹禍上身。《訓檢示康》云：「君子寡欲，則不役於物，可以直道而行。」縱然得到萬鍾厚祿，也不可以胡作非為、任意揮霍，只有淡泊簡約，才能依正道而行，不被世俗物累所牽絆。

第三、寵甚而思以懼：當長官寵信，或工作順遂時，更要懷有戒慎恐懼「如臨深淵，如履薄冰」的心。歷史上，年堯因寵而忘記本分，李蓮英受寵而誤國誤事，這都是令人引以為惕的。所謂「高處不勝寒」，爬得愈高，愈要謹慎。名相諸葛亮說：「不傲才以驕人，不以寵而作威。」就是這個道理。

第四、道崇而自謙退：當你的聲名如日中天，讓人崇敬時，更要謙沖自牧。明朝儒士方孝儒說：「虛己者進德之基。」一個自命不凡、恃才傲物的人，容易樹敵；懂得反身退步，才會讓人感到德厚如春風，讓人願意

親近。

箭弓不可太緊，太緊會斷；鋒芒不可太露，太露遭忌；《易經謙卦》說：「謙謙君子，卑以自牧。」位高而心愈下，則人自親；祿厚而自彌約，則心自樸；寵甚而思以慎，則位自固；道崇而自謙退，則德自厚。

以下四點謙虛之道，可為座右銘。

第一、位高而心愈下。

第二、祿厚而自彌約。

第三、寵甚而思以懼。

第四、道崇而自謙退。

說話之道

俗話說：「一張嘴，兩片皮，說好說壞都是你。」一句好話能感動人，乃至流傳千古；一句惡言卻能傷害人，甚至令人難以原諒。因此，說話要適時、適人、適地。「說話之道」有四點建議：

第一、責備的話中要帶撫慰：東方國家為人父母者，受「打是疼，罵是愛」的觀念影響，經常將責備的話掛在嘴邊，一旦兒女做錯事，隨口就是指責，因此忽略子女的尊嚴，造成親子間嫌隙的情況，時有見聞。語言，當以關懷真切為第一，雖是責備，也不能把話說盡，「是不是有什麼困難？」「身體不舒服嗎？」語帶關心慰問，讓人感受到愛心的溫暖，反而能感化對方。

第二、批評的話中要帶讚揚：讚美，是世間上最美好的音聲。佛門有句話說：「要得佛法興，除非僧讚僧。」同樣的，用之於社會，對朋友、對兒女、對學生，也要多一點鼓勵、多一點讚美，才能和諧。批評他人不能解決問題，還會成為雙方相處的阻力，批評中帶有鼓勵，才能解決問題。

第三、訓誡的話中要帶推崇：人與人之間的交情夠深，對於不如法的行為，偶有訓誡也未嘗不可。人雖有缺失，但也總有些長處，因此訓誡的話，不要忽略語帶推崇。是好事的，要說「你如何好」，是訓誡的，要說「我們可以如何改進」，倘若一味指責，反而適得其反。

第四、命令的話中要帶尊重：有的人說話總習慣用命令的方式：「別質疑我的話」、「照我的話做就沒錯了」，這種強硬的語氣，往往令人難以接受。若能以平等心對待，所言都是謙虛之詞：「拜託你」、「麻煩你」，如此，對方感受被人尊重，自然就會有回應。

例如，英國維多利亞女皇曾經和丈夫吵架，她敲門向房內的丈夫道歉，丈夫問：「誰？」女皇習慣性回答：「女王」，丈夫總是不予回答，直到女皇改口：「是你的妻子」，門終於打開。所以人和人之間講話，要學會相互尊重。

說話是一門藝術，不一定要能言善道，卻要有一顆體諒別人的心，抱著同理心講話，一定能結好緣。所以，「說話之道」有四點：

第一、責備的話中要帶撫慰。

第二、批評的話中要帶讚揚。

第三、訓誡的話中要帶推崇。

第四、命令的話中要帶尊重。

因應之道

世間種種都有其因應之道，如興建捷運，以因應交通擁塞；鼓勵生育，以因應人口負成長；制訂法律，以因應各種犯罪。人一生當中，難免會有大大小小的順逆境界，如何因應，有以下四點意見：

第一、面對過失要誠意改過：「人非聖賢，孰能無過」，每個人多少都會犯錯，面對自己的過失，能真心誠意改過，則「善莫大焉」。過去，大禹因「聞過則喜」，受人敬重；子路因「聞過則拜」，為人稱揚；本是小混混的韓信，因為改正陋習，成為開國大將軍；遊手好閒的寇準，因為改正過失，成為一代名相。能懂得改過遷善，品德必能日日新而有所作為。

第二、受到讚譽要虛心接受：受到一點讚譽，就自得自滿，驕傲狂妄，日久，便不容易接受別人的批評，而停止進步了。明朝陳繼儒的《小窗幽記》道：「寵辱不驚，看庭前花開花落。」即在警惕世人，受到讚美恭維時，心能持平謙下，不以為是理所當然，道德必然能日漸增長。

第三、遭逢失敗要檢討原因：愛迪生做實驗經歷了多次失敗，有人問他：「你做實驗果真經歷過許多失敗？」他回答：「不！我成功的發現許多不能成功的方法。」遭逢失敗時，不要怨天尤人，重要的是自我檢討失敗的原因，進而付諸行動，才有機會東山再起。因此，抱持「永不言敗」的心念，才能與成功交會。

第四、被人欺侮要逆來順受：被人欺侮，要學習皮球，打擊愈大，彈跳愈高；要如搓麵團，愈揉韌性愈強。遇欺騙，須寬大；逢毀謗，不復

仇；遭加害，待以慈；受苦難，宜忍耐。如果我們善於調御己心，能逆來順受，面臨再苦、再難堪的境界，也能甘之如飴。

「失敗者常把機會當困難，成功者常把困難當機會。」不論我們遇到怎樣的稱譏毀譽，能對境界不停不滯，即是最佳的因應之道。

- 第一、面對過失要誠意改過。
- 第二、受到讚譽要虛心接受。
- 第三、遭逢失敗要檢討原因。
- 第四、被人欺侮要逆來順受。

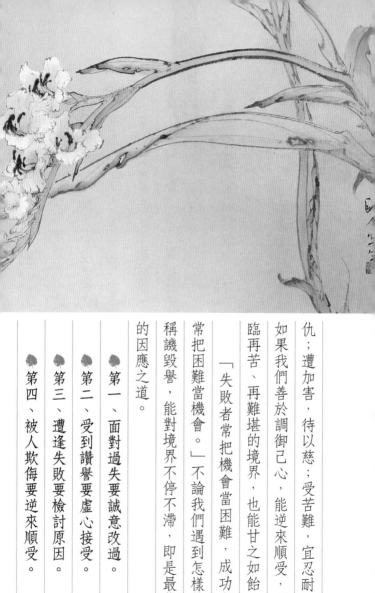

求感應之道

《中庸》云：「誠則明矣，明則誠矣。」感應之事，唯「心誠則靈」而已。有感則應的原理，就像叩鐘必有迴響，敲鼓即得音聲一樣，還有，日常的喝水止渴、饑食飯飽，或叫一聲媽媽，媽媽就回頭，這都是一種感應。感應有其因緣條件，如何求得感應？

第一、要重視因果：善人視因果為朋友，智人視因果為龜鑑，愚人視因果為法官，惡人視因果為仇敵。感應它不是憑空而得的，種瓜才能得瓜，種豆才能得豆。就像聽廣播，看電視，要轉對了頻道，才收得到節目。修行也是一樣，相信慈悲，慈悲會在我們生活中有所受用；相信佛陀，依照佛陀的教法去做，則能成就佛道。

第二、要立功發願：想要有什麼感應，先看自心立何願、求何事，好比想要升官的人，要先看他的功勞表現。像孔子和墨子，有著「孔席不得暖，墨突不得黔」的濟世奉獻精神，而被世人稱聖稱賢；歷代大德，也都是靠願力成就功業的。若我們每個當下，都能夠發願，如同一滴水能滋潤花草，任何善願，都能開花結果。

第三、要由衷懺悔：雖然「千江有水千江月，萬里無雲萬里天」，但水混濁，雲層厚，也看不到月亮和太陽。希望水清映月、撥雲見日，就要由衷的懺悔，讓心清淨，才能有感應。如《雜阿含經》載：「凡人有罪，自見、自知而悔過者，於當來世律儀成就，功德增長，終不退減。」所謂「人有誠心，佛有感應」，只要我們能時常藉著懺悔的法水來滌淨心垢，自然能與佛菩薩感應道交。

第四、要虔誠回向：一心至誠、一心禮敬、一心稱名，是感應的原理。若只為一己之私，所得的利益有限，要想獲得大利益，修得大功德，就要懂得回向，回向猶如耕耘種子，小心照顧，使它發芽、開花而結成纍纍果實，以小小的因，成就豐碩的果。所以不管是求學問道，都要將利益回向群生，才會有大成就。《往生淨土懺願儀》言：「能禮所禮性空寂，感應道交難思議；我此道場如帝珠，釋迦如來影現中。」由此可知，只要虔誠禮敬，懺悔發願，生起廣大菩提心，就能求得不可思議的感應。

- 第一、要重視因果。
- 第二、要立功發願。
- 第三、要由衷懺悔。
- 第四、要虔誠回向。

修身之道

生而為人，最可貴的是能夠自我管理，具有慚恥的美德，對自己的言行舉止反省修正，讓身行端正、心念善美。身心修養好了，性情自然和美，成為一個善人。如何修身呢？

第一、眼不看不淨之事：人的認知，有許多都是藉由眼睛看來的。看的時候，如果心念不正，所看到的都是不淨。例如，輕蔑別人，就會看人低下，鄙視他人，自然也看不到對方的優點。《泥洹經》云：「持心不淨，不得度世。」因此，要學習用淨眼看世間，用慧眼看出真、看出切、看出妙、看出好，看見一切前因後果，看出來龍去脈。

第二、耳不聽不善之音：耳朵是我們認識外界一個重要管道，無論好音聲、壞音聲，都是透過耳朵傳遞，所以耳朵也要修行。要諦聽，才會聽出真意，不會亂聽；要正聽，才不會把好話聽成壞話、好事聽成壞事。尤其，不要聽是非而聽實話，不要聽惡言而聽善言，不要聽雜話而聽佛法，不要聽閒言而聽真理，能聽出有意義的內容，就會提昇生命的層次。

第三、口不說傷人之語：一個火爆的場面，會因一句柔和的話而消弭無形，一個頹唐的失敗者，會因一句鼓勵愛語而振作奮發。能真誠懇切、融洽的與人談話，不但能結善緣，更能增進人際和諧的關係。所謂「靜坐常思己過，閒談莫論人非」，能謹言慎行，不出言傷人，常說仁德之語，才是修口之道。

第四、面不露不悅之容：帶一張臭臉回家，會使全家人心情也跟著鬱悶；擺一臉怒顏進辦公室，同事看了就要退避三舍；一張不悅之容，真是會讓週遭的氣氛凍僵緊張。因此，給人如沐春風，不輕易動怒，即使不歡喜，也會為了大眾忍耐，不讓人為難、尷尬，這也是高超的修養。

《大寶積經》云：「身常行慈，不害眾生；口宣仁德，不說惡言；意常正心，不報增損；己得利養，十方共有；等護禁戒，而無所犯；常以正見，開導屈戾。」很多人問如何修行？其實修行不離身心，以上這四點修身之道，隨時可以實踐。

第一、眼不看不淨之事。

第二、耳不聽不善之音。

第三、口不說傷人之語。

第四、面不露不悅之容。

善因善緣

一個人可以不信佛教，但不可以不信因果；因果不是知識，是人生的真理，是行事的準則。種善因得善果，種惡因得惡果，人是自己的園丁，人生要活得幸福、美滿、快樂，就要培養善因善緣。有關「善因善緣」，有四點意見：

第一、避免輕諾寡信：「人無信不立」，做人信用第一，所謂「一諾千金」，別人有求於你，你能做到的當然要答應，做不到的，則要說明原委，千萬不能輕易承諾之後卻不當一回事。你不守信用，一次、兩次，等別人對你失望，甚至對你懷恨，從此不再和你來往，那時再想挽救便嫌遲了。所以一個人要守信，約會要守時守信，對別人的承諾更要信守不移。

信用是一個人立身處世的重要條件，千萬輕忽不得。

第二、嚴戒好言善辯：「人之謗我也，與其能辯，不如能容。」受人誹謗尚且不必急於辯解，何況平日無事，更無須與人爭辯。但是有的人偏偏好逞口舌，喜歡辯論，只要一開口就滔滔不絕；只要一講話就口沫橫飛。但是好言善辯的人，往往令人退避三舍。因為善於狡辯，乍聽之下好像有理，但是經常狡辯，常常言過其實，自然別人心裏有數，也就對你敬而遠之。所以，如果你不想做一個不受歡迎的人，就應該嚴戒好言善辯。

第三、待人寬大厚道：胸襟寬大，待人厚道，條條都是大路；心量狹小，對人刻薄，處處都是荊棘。做人寬大厚道，寬則得人，厚可載物；做人尖酸無情、得理不饒人，容易樹敵。所以寬恕別人，其實就是釋放自己。所謂「厚福者必寬厚，寬厚則福益厚」，一個寬大厚道的人，在道業上能夠養深積厚，在人際間能夠廣結善緣，在事業上更能得到多助，所以厚道才能成事。

第四、重視基本禮儀：人和人之間，不要以為「熟不拘禮」，其實所謂禮者，就是要合乎道理，合於倫理。《三字經》說：「君臣義，父子親，夫婦

順。」在家庭中，夫妻有夫妻之道，父母子女有父母子女之禮，君臣之義更不可廢。乃至平日裏，鄰里之間、朋友之間、長官部下之間，彼此見了面，一句「你好」、「你早」，甚至點個頭、問個訊、合個掌，都是做人應有的基本禮儀，都能給人一個心意上的尊重，都是人際間不可少的交流。

愛惜自己的福報，就是珍惜自己的現在；廣結人間的善緣，就是豐富自己的未來。當一個人遭遇逆境、挫折時，只要肯要改變自己的因，並且廣結人際之間的善緣，就有美好的未來。所以「善因善緣」有四點：

第一、避免輕諾寡信。

第二、嚴戒好言善辯。

第三、待人寬大厚道。

第四、重視基本禮儀。

追求顛峰要有精進力，參加比賽要有競爭力；面對失敗要有忍辱力，脫穎而出要有智慧力。

用平常心生活，用慚愧心待人，用無住心接物，用菩提心修道。

國家圖書館出版品預行編目資料

修行在人間：精進/星雲大師著—初版—台北市；香海文化，
2007．09　面；　公分（人間佛教叢書）（星雲法語；1）
ISBN 978-986-7384-70-6（精裝）
1.佛教說法
225.4　　96015513

人間佛教叢書
星雲法語❶

修行在人間—精進

作　　者／星雲大師
發 行 人／慈容法師（吳素真）
主　　編／蔡孟樺
圖片提供／歐豪年　　法語印章／陳俊光
資料提供／佛光山法堂書記室
編輯企劃／陳鴻麒（特約）、香海文化編輯部
責任編輯／高雲換
助理編輯／鄒芃葦
封面設計／釋妙謙
版型設計、美術編輯／蔣梅馨
校　　對／張澄子、侯秋芳、鄒芃葦

出版．發行／香海文化事業有限公司
地址／110台北市信義區松隆路327號9樓
電話／(02)2748-3302
傳真／(02)2760-5594
郵撥帳號／19110467　香海文化事業有限公司
http://www.gandha.com.tw　www.gandha-music.com
e-mail:gandha@ms34.hinet.net

總經銷／時報文化出版企業股份有限公司
地址／235 台北縣中和市連城路134巷16號
電話／(02)2306-6842
法律顧問／舒建中、毛英富
登記證／局版北市業字第1107號
ISBN／978-986-7384-70-6
十冊套書／定價3000元　單本定價／300元
2007年9月初版一刷　2009年1月初版二刷　2013年5月初版三刷